Yitskhok Rudashevski

Tagebuch aus dem Ghetto von Wilna

Juni 1941 – April 1943

Studien und Dokumente zur Holocaust- und Lagerliteratur, Band 9

Herausgegeben für die Arbeitsstelle Holocaustliteratur und die Ernst-Ludwig Chambré-Stiftung zu Lich von Sascha Feuchert, Klaus Konrad-Leder (†), Markus Roth und Kristine Tromsdorf

Ohne die Opfer und Überlebenden der Verfolgung und ihre Zeugnisse bliebe vieles im Dunkeln und hätten wir nur ein sehr viel einseitigeres Bild vom Holocaust. Die Zeitzeugen haben in den letzten Jahrzehnten eine enorme Rolle in der öffentlichen Erinnerung, im Gedenken und vor allem auch in der Bildungsarbeit gespielt. Die Epoche der Zeitzeugenschaft des Holocaust aber neigt sich dem Ende zu. Die vielfältigen Zeugnisse der Ermordeten wie der Überlebenden jedoch bleiben. Ihnen – den Tagebüchern und Erinnerungen, den Romanen und Erzählungen, der Lyrik und den Dramen – und ihrer Erforschung sollen die „Studien und Dokumente zur Holocaust- und Lagerliteratur" auch in Zukunft ein Forum bieten. Hier sollen wichtige Texte, auch in Übersetzung, geboten werden, damit sie gerade in schulischen und universitären Zusammenhängen eine Rolle spielen können.

Die Herausgeber:
Sascha Feuchert und Markus Roth
Arbeitsstelle Holocaustliteratur an der Justus-Liebig-Universität Gießen
Klaus Konrad-Leder (†) und Kristine Tromsdorf
Ernst-Ludwig Chambré-Stiftung zu Lich

Yitskhok Rudashevski

Tagebuch aus dem Ghetto von Wilna
Juni 1941 – April 1943

Aus dem Englischen übersetzt und
herausgegeben von Wolf Kaiser

(M) | METROPOL

Englische Originalausgabe:
Yitskhok Rudashevski, The Diary of the Vilna Ghetto. June 1941 – April 1943, 2. Aufl., Tel Aviv: Beit Lohamei Haghetaot and Hakibbutz Hameuchad Publishing House 1979

Umschlagabbildungen:
Yitskhok Rudashevski, 1936 (vorn),
Yitskhok Rudashevski, 1938 (hinten)
Ghetto Fighters' House Museum, Israel, Photo Archive, No. 5833 und 5834

ISBN: 978-3-86331-534-4

Neuauflage 2025

Inh. Friedrich Veitl | Ansbacher Str. 70 | DE–10777 Berlin
veitl@metropol-verlag.de | +49 30 261 84 60
https://metropol-verlag.de/kontakt/

Druck: AALEXX Druck Produktion, Großburgwedel

Inhalt

Zur Einführung

> „Ein Kind im Getto ist nicht zu vergleichen mit einem Kind aus ruhigen Zeiten. Wer eine Maline [ein Versteck bei Mordaktionen] durchlebt hat, ist lebenserfahren, entwickelt mehr Verantwortungsgefühl für sich und die Gesellschaft. Ein Kind im Ghetto, wenn es Eltern oder Verwandte hat, die morgens zur Arbeit gehen, muss für sie im Haus Mittagessen kochen; und muss sorgen, dass Murer [der Leiter des ‚Judenreferats' in Wilna], der die Wohnungen kontrolliert, die Speise nicht findet. [...] Und doch hat der größte Teil der Gettokinder die Schulen besucht."[1]

So beurteilt der Dichter und Widerstandskämpfer Abraham Sutzkever in seinen zuerst 1946 erschienenen Aufzeichnungen aus dem Wilnaer Ghetto das Verhalten der jüdischen Kinder. Yitskhok Rudashevskis Tagebuch belegt diese Einschätzung auf eindrucksvolle Weise. Doch die seelischen und intellektuellen Leistungen des 15-jährigen Autors gingen noch weit darüber hinaus. Obwohl er die Ermordung ihm sehr nahestehender Menschen erlebt hatte und wusste, dass auch sein Leben in jedem Augenblick bedroht war, blieb er wissbegierig und interessiert an allem, was das im Ghetto wiedergegründete Gymnasium und der Jugendklub ihm bieten konnten. Er begeisterte sich für die kulturellen Darbietungen im Ghetto und nahm vielfach aktiv an ihnen teil, kommentierte sie aber auch kritisch, wenn sie seinen Ansprüchen nicht genügten. Er litt unter den Lebensbedingungen im Ghetto – der Kälte, dem Hunger, dem Eingesperrtsein in wenigen Gassen, dem Verlust von Angehörigen –, und er machte sie zugleich zum Forschungsgegenstand seiner Geschichtsgruppe und reflektierte dabei seine eigene Rolle, ohne sich zu schonen.

1 Abraham Sutzkever, Wilner Getto 1941–1944. Zürich 2009, S. 105.

Er war noch keine 15 Jahre alt, als er sein Tagebuch zu schreiben begann. Nach Auskunft seiner Cousine wusste die Familie, dass Yitskhok ein Tagebuch führte, doch habe er es niemandem gezeigt. Wann er die ersten Aufzeichnungen verfasst hat, lässt sich nicht genau klären. Der erste Teil ist offensichtlich im Rückblick geschrieben. Zwar finden sich auch in diesem Teil Datierungen, doch sie beziehen sich nicht auf das Datum der Eintragung. So schreibt er in dem „Dienstag, 24. Juni 1941" überschriebenen Abschnitt, in dem er zunächst die Besetzung Wilnas durch deutsche Soldaten notiert: „Wochen ziehen dahin. Ich bin aus dem Sommeraufenthalt in der Umgebung zurückgekommen [...]." Die Datierungen bezeichnen einschneidende Vorgänge wie die Kennzeichnung der Juden am 8. Juli und die Ghettosierung am 6. September 1941, die zur Bildung zweier Ghettos innerhalb der Stadt führte. Unter der Überschrift „Es ist das Ende des Sommers 1941" berichtet Rudashevski von der „großen Provokation", einem von den deutschen Besatzern inszenierten Vorwand für die nach dem 31. August einsetzenden Massenverhaftungen in den Gassen, die später das Ghetto bildeten: „In der Nacht wurde die jüdische Bevölkerung aus diesen Gassen hinausgeführt, wohin, wissen wir nicht. Später wurde es bekannt: nach Ponar, wo sie erschossen wurden." Hier nennt das Tagebuch zum ersten Mal den Ort in der Umgebung Wilnas, an dem die meisten der etwa 70 000 Juden ermordet worden sind, die in der Stadt unter deutsche Herrschaft gerieten.[2] In den folgenden Abschnitten berichtet Rudashevski von der Verschleppung Tausender Juden an Jom Kippur, dem 1. Oktober 1941, und in den folgenden Wochen. Er schildert den Horror der letzten Monate des Jahres 1941 mit großer Intensität: den Abtransport der Juden, die nicht durch Arbeitsausweise vorläufig geschützt waren, die Bemühungen, in Verstecken der Ermordung zu entgehen, und schließlich seine und seiner Mutter Hilflosigkeit, als sie die Großmutter im zweiten Ghetto zurücklassen mussten, obwohl ihnen klar war, dass die Ermordung seiner Bewohner bevorstand.

2 Christoph Dieckmann, Deutsche Besatzungspolitik in Litauen 1941–1944. 2 Bde., Göttingen 2011, S. 282. Er nennt für den 1. Januar 1941 die Zahl von 58 263 Juden in der Stadt Vilnius und weitere 3505 im Kreis Vilnius. An anderer Stelle schätzt er, dass in Vilnius etwa 70 000 Juden unter deutsche Herrschaft gerieten, darunter 10 000 jüdische Flüchtlinge (ebenda, S. 967).

Anfang 1942 waren die großen Mordaktionen zunächst beendet. Das Tagebuch enthält zum ersten Halbjahr 1942 nur einen einzigen, auf den 23. März datierten Eintrag, in dem ein sowjetischer Luftangriff auf Wilna vermerkt ist. Erst vom 12. September 1942 an schrieb Yitskhok nahezu täglich auf, was er erlebt und getan hatte. Es ist anzunehmen, dass er den ersten Teil der Aufzeichnungen im Frühjahr und Sommer 1942 verfasst hat.

Yitskhok Rudashevskis Tagebuch schildert die Verhältnisse im besetzten Wilna – wie nicht anders zu erwarten – aus einer dezidiert jüdischen Perspektive. Seine Familie gehörte zum aufgeklärt-säkularen Bürgertum. Sein Vater Elihu (Elye) hatte als Setzer in der Druckerei der linksgerichteten jiddischen Tageszeitung *Vilner Tog* gearbeitet. Seine Mutter Roze, die in Kischinew (heute Chişinău in Moldawien) aufgewachsen war, arbeitete als Näherin. Religion scheint für die Familie nicht von Bedeutung gewesen zu sein. Nur die Großmutter besuchte an hohen Feiertagen die Synagoge. Im Tagebuch erwähnt Yitskhok nur einmal religiöse Juden, als er die Atmosphäre am jüdischen Neujahrsfest 1942 beschreibt. Sein Desinteresse an der Religion hat aber keineswegs eine Distanzierung vom Judentum und den Juden zur Folge. Jüdische Kultur ist ihm äußerst wichtig. Auch nimmt er nicht nur am Schicksal seiner Verwandten und Bekannten Anteil, sondern identifiziert sich mit der Ghetto-Gemeinschaft. So schreibt er am 19. Dezember 1942 über Verhaftungen wegen des Versuchs, Lebensmittel ins Ghetto zu schmuggeln: „zwanzig Juden sind uns bereits entrissen worden."

Seine Wahrnehmungsmöglichkeiten waren durch die Isolation im Ghetto eingeschränkt. So erwähnt er die Wilnaer Polen, die in der Stadt die Bevölkerungsmehrheit bildeten,[3] nur in einem einzigen Eintrag. Aber er notiert, was er von wichtigen Vorgängen außerhalb des Ghettos erfährt. Mit Genugtuung vermerkt er, dass der Herausgeber der polnischen Zeitung *Goniec*, die der deutschen Besatzung als Sprachrohr diente, vom polnischen Widerstand erschossen worden ist. An derselben Stelle hält er fest, dass die Litauer sich der Mobilisierung für die deutsche Wehrmacht verweigern, solange ihnen keine Unabhängigkeit gewährt wird.

3 Dieckmann, Deutsche Besatzungspolitik in Litauen, S. 284.

Im Ghetto begegnen ihm Litauer als Werkzeuge der Deutschen, als Häscher, die die Juden mit Gewalt aus ihren Verstecken holen, um sie zur Erschießung nach Ponar zu bringen. Er ist sich aber durchaus darüber im Klaren, dass die deutschen Invasoren die Haupttäter sind. An vielen Stellen erwähnt er deutsche Gendarmen und Soldaten, die im Ghetto gegen die Juden vorgehen, im Auftrag der Machthaber, aber auch als Plünderer. Er schildert mit Vergnügen, wie sich jüdische Handwerker über leichtgläubige Deutsche lustig machen, erspart sich aber nicht die bittere Einsicht, dass die gespielte Überlegenheit der Juden nur deren Angst verdecken soll. Drei Deutsche werden namentlich erwähnt: der Gebietskommissar Hans Christian Hingst, SS-Oberscharführer Martin Weiss, der Befehlsgeber bei den Erschießungen in Ponar, und wiederholt der „Judenreferent" Franz Murer, dessen Gewaltherrschaft im Ghetto er anhand verschiedener Vorfälle charakterisiert. Es ist ihm aber auch einen längeren Eintrag wert, Verhaltensweisen von Deutschen zu schildern, die sich nicht an der alltäglichen Demütigung von Juden beteiligten. So hat seine Mutter ihm von ihrer deutschen Auftraggeberin berichtet, die sie beschenkt hat und die ihr mit Respekt und tröstenden Worten begegnet ist. Von anderen erfährt er von deutschen Frontsoldaten, die einen gewalttätigen deutschen Aufseher in einem Arbeitslager scharf zurechtgewiesen haben. Für ihn klingen solche Anekdoten „halb wie Legenden", und doch schreibt er ihnen einen Funken Wahrheit zu. Er kann sie nicht überprüfen, bemerkt aber ihre tröstliche Funktion für die Ghettobewohner.

Sein Vermögen, differenziert zu urteilen, beweist er auch in der Darstellung der jüdischen Funktionsträger im Ghetto. Das Selbstlob und die Versprechungen des Ghetto-Vorstehers Yankev Gens gibt er mit deutlicher Skepsis wieder. Er empört sich darüber, dass der Kommandant der Torwache Meyer Levas einen Jungen, der Lebensmittel für seine hungernde Familie ins Ghetto schmuggelt, erbarmungslos verprügeln lässt, zieht aber bei diesem und anderen Vorfällen in Erwägung, dass Levas so brutal handelt, um den Sadisten Murer zufriedenzustellen und noch Schlimmeres zu verhindern. Yitskhok erkennt, dass sich gerade in dieser Ambivalenz die schreckliche Lage der Ghettobewohner am deutlichsten manifestiert. Sein Bemühen, Verständnis für die jüdischen Funktionsträger im

Ghetto aufzubringen, hat aber eine Grenze. Unverhohlenen Hass bringt er den jüdischen Polizisten entgegen, die sich zu Werkzeugen der deutschen Mörder machen lassen und die Rolle der litauischen Kollaborateure bei der Verbringung von Juden nach Ponar übernehmen. Doch auch hier gelangt er zu einer Reflexion, die die Juden im Ghetto insgesamt, also auch ihn selbst betrifft. Er verurteilt nicht nur das Verhalten der Polizisten; es ist für ihn „unsere Scham, unsere Erniedrigung", dass Juden sich dazu hergeben, den Deutschen bei der Ermordung der Juden zu helfen.

Einen Schwerpunkt in den Tagebuchnotizen bilden Schilderungen des Alltagslebens. Darin nimmt Yitskhok stets Partei für die Schwächsten und Ärmsten. Seine genauen Beschreibungen von Szenen, die er beobachtet hat, etwa bei der Zuteilung von Fleisch durch den Metzger, bringen zugleich seine Empörung über Ungerechtigkeiten zum Ausdruck, die er als abstoßend und beschämend empfindet. Dabei reflektiert er die Schwierigkeit, unter den gegebenen Bedingungen zu einem moralischen Urteil zu gelangen, etwa als er beim Bäcker Zeuge wird, wie eine hungrige Frau wegen eines Diebstahls geschlagen wird.

Ein Gegengewicht gegen die Schilderungen des materiellen und moralischen Elends bilden die Berichte von schulischen Aktivitäten und Kulturveranstaltungen, insbesondere des Jugendklubs. Sie zeigen einen jungen Intellektuellen von weitgespannten Interessen, der ebenso begeisterungs- wie kritikfähig ist. Er ist sich bewusst, wie sehr ihm die geistige Arbeit hilft, das Ghetto zu ertragen. „[...] es gibt so viel Arbeit zu tun, so viele Vorträge, gesellschaftliche Zusammenkünfte. Ich vergesse oft, dass ich im Ghetto bin", schreibt er am 18. März 1943. Er verehrt Erwachsene, deren Wissensvermittlung und Anregungen er als bereichernd empfindet, aber er betont auch das Selbstbewusstsein der Jugend, die sich die Lebensfreude nicht dadurch rauben lässt, dass sie zwischen Ghettomauern eingezwängt ist. Er will daran glauben, dass diese Jugend eine Zukunft hat.

Die deutsche Niederlage in Stalingrad und das Vorrücken der Roten Armee nähren diese Zukunftshoffnung. Nicht zufällig organisiert sich Yitskhok Rudashevski im Februar 1943 politisch. Vor allem unter dem Einfluss der Lehrerin Mire Bernshteyn nimmt er aktiv an den konspirativen Zusammenkünften einer kommunistischen Jugendgruppe teil.

Als sich Ende März abzeichnet, dass die Deutschen ihre Mordaktionen wieder aufnehmen werden, beteuert er, sich nicht kampflos zur Schlachtbank führen zu lassen. Die Nachricht von der Ermordung weiterer 5000 Juden aus der Umgebung Wilnas in Ponar, von denen trotz einer Massenflucht nur wenige entkommen konnten, lässt ihn aber erkennen: „Wir sind ungeschützt und dem Tod ausgeliefert." Der letzte, am 7. April 1943 notierte Satz in Yitskhok Rudashevskis Tagebuch lautet: „Uns kann das Schlimmste geschehen."

Der Autor und seine Familie blieben noch ein halbes Jahr am Leben. Sie gehörten zu den wenigen Juden, die, nachdem das Ghetto in der Zeit vom 23. bis 25. September 1943 geräumt und zum Teil zerstört worden war, noch unter grauenhaften Bedingungen im Versteck ausharrten. Am 5. oder 7. Oktober 1943 aber wurde ihr Versteck entdeckt. Sie wurden nach Ponar verbracht und dort ermordet. Nur Yitskhoks Cousine Sore Voloshin gelang es, während des Transports zu entkommen. Sie versteckte sich, ging später zu den Partisanen und kehrte nach der Besetzung Wilnas durch die Rote Armee im Juli 1944 in die Stadt zurück.

Warum hat Yitskhok sich nicht den Partisanen angeschlossen? Im Juli 1943, nach dem Tod ihres Kommandanten Itzig Wittenberg im Folterkeller der Gestapo, hatte die erste Partisanengruppe das Ghetto verlassen. Die meisten Mitglieder dieser Gruppe fielen im Kampf auf dem Weg in die Wälder oder wurden gefangen genommen. In der Folge ließ der Chef der deutschen Sicherheitspolizei in Wilna, Rudolf Neugebauer, die Familien aller aus dem Ghetto Geflohenen und 32 Leiter von Arbeitsbrigaden, zu denen die Geflohenen gehörten, festnehmen und in Ponar ermorden. Er kündigte an, in Zukunft alle Mitbewohner erschießen zu lassen, wenn jemand aus einem Häuserblock fliehen würde.[4] Yitskhoks Freund Gabik Heller, dessen zwischen dem 4. Februar und dem 21. September 1943 niedergeschriebenen Tagebucheinträge erhalten geblieben sind, erfuhr zuerst am 13. September, dass jüdische Partisanen aus Wilna in die Wälder Weißrusslands gingen. Offensichtlich hegte er die Hoffnung, sich ihnen anschließen zu können. Doch ist er während der Auflösung des Ghettos

4 Sutzkever, Wilner Getto 1941–1944, S. 202.

umgekommen.[5] Es gibt keine Hinweise darauf, dass auch Yitskhok erwogen hätte, aus dem Ghetto zu fliehen. Nach Sore Voloshins Erinnerungen ist er angesichts der Nachrichten über Massenmorde an Juden aus Wilnas unmittelbarer Umgebung und der wachsenden Bedrohung der Ghettobevölkerung in einen Zustand der Apathie geraten. Sie legt nahe, es sei aus diesen bedrückenden Erlebnissen und aus den das Schreiben erschwerenden Bedingungen im Versteck zu erklären, dass es keine Aufzeichnungen aus dem letzten halben Jahr seines Lebens gibt.[6] Ob ihn die Kraft zu geistigem Widerstand mit einem Mal verlassen hat oder ob er weiterhin Notizen verfasst hat, die verloren sind, muss offenbleiben.

Sore Voloshin fand Yitskhoks Tagebuch nach Wilnas Befreiung auf dem Dachboden des Hauses, in dem sich die Familie zuletzt versteckt hatte. Sie übergab es dem Jüdischen Museum in Wilna, das 1944 von Überlebenden wieder eingerichtet worden war, allerdings bereits 1949 von den sowjetischen Behörden geschlossen wurde. Abraham Sutzkever hat dafür gesorgt, dass das Tagebuch in das Archiv des nach New York verlegten Jiddischen Wissenschaftlichen Instituts (YIVO) aufgenommen wurde.

Berlin, im Juli 2020
Wolf Kaiser

5 Gabik Hellers Tagebuch hat Nathan Cohen unter dem Titel „The Last Days of the Vilna Ghetto – Pages from a Diary“ mit einer Einleitung und erläuternden Fußnoten veröffentlicht in: Yad Vashem Studies XXXI (2003), S. 15–59, bes. S. 41 f., 44, 46, 48, 54.

6 Zitiert in der Einleitung zur englischen Ausgabe des Tagebuchs, S. 11.

Yitskhok Rudashevski mit seiner Großmutter mütterlicherseits und zwei Cousinen, rechts Sore Voloshin, 1936

Ghetto Fighters' House Museum, Israel, Photo Archive, No. 5833

Familie Rudashevski 1936.
Vorn der neunjährige Yitskhok, links neben ihm seine Mutter Roze;
der zweite von rechts ist sein Vater Elihu, neben ihm Yitskhoks Onkel Tsvi Yankev;
vorn in der Mitte Yitskhoks Cousine Yona.

United States Holocaust Memorial Museum,
courtesy of Cilia Jurer Rudashevsky # 14728

Yitskhok Rudashevski mit seinem Vater in Wilna, 1938

United States Holocaust Memorial Museum, courtesy of Cilia Jurer Rudashevsky # 14730

Mitglieder der Familien Voloshin und Rudashevski vor dem Zweiten Weltkrieg.
Unten links Yitskkhok Rudahevski, neben ihm seine Mutter Roze,
oben links sein Vater Elihu

Ghetto Fighters' House Museum, Israel,
Photo Archive, No. 53238

Yitskhok Rudashevski auf seinem Schulweg, Wilna 1938

Ghetto Fighters' House Museum, Israel,
Photo Archive, No. 5834

Editorische Notiz

Die Übersetzung des Tagebuchs ins Deutsche basiert auf der sehr sorgfältigen englischen Edition des Tagebuchs, die Percy Matenko besorgt hat: Yitskhok Rudashevski, The Diary of the Vilna Ghetto. June 1941 – April 1943, 2. Aufl., Tel Aviv: Beit Lohamei Haghetaot and Hakibbutz Hameuchad Publishing House 1979 (1. Auflage 1973), 192 Seiten. Auch die erläuternden Fußnoten des Herausgebers greifen – mit einigen Ergänzungen und Korrekturen – auf die mit freundlicher Genehmigung des Ghetto Fighters' Museums verwendete englische Ausgabe zurück.

Ein Scan des 204 Seiten umfassenden handschriftlichen Originals des Tagebuchs in jiddischer Sprache wurde dem Herausgeber freundlicherweise vom YIVO Institute for Jewish Research in New York zur Verfügung gestellt. Eine handschriftlich ergänzte typografische Transkription liegt im Archiv von Yad Vashem in Jerusalem. Abraham Sutzkever hat das Tagebuch gekürzt in jiddischer Sprache in der in Israel herausgegebenen Zeitschrift „Di Goldene Keyt" (Nr. 15, 1953, S. 18–56) publiziert. Yitskhok Rudashevskis Tagebuch wurde von Abraham Yavin ins Hebräische übersetzt und 1968 von Tsvi Shner im Hakibbutz Hameuchad Publishing House in Israel herausgegeben. 2016 ist eine von Batia Baum erstellte Übersetzung ins Französische im Verlag Édition de l'Antilope in Paris erschienen. Mindaugas Kvietkauskas hat seiner Übersetzung des Tagebuchs ins Litauische die von Sutzkever veröffentlichte Version zugrunde gelegt und es 2018 zweisprachig (litauisch / jiddisch) unter dem Titel „Vilniaus geto dienoraštis / Togbukh fun Vilner geto" publiziert.

Für die vorliegende Übersetzung sind Textstellen, die in der englischen Übersetzung geringfügige inhaltliche Unterschiede gegenüber der hebräischen oder der französischen Ausgabe aufweisen, am jiddischen Text überprüft worden. Die auffallend häufigen Tempuswechsel finden sich auch im Original. [---] weist auf unleserliche Wörter hin. Wörter in eckigen Klammern sind vom Herausgeber zur besseren Verständlichkeit bzw. bei den Angaben zum jeweiligen Tag des Eintrags zur leichteren Orientierung hinzugefügt.

Die Schreibung von Namen folgt dem international anerkannten Transliterationssystem des YIVO,[1] mit Ausnahme des im Deutschen und Polnischen üblichen Namens Wilna. Soweit auf Übersetzungen von Texten ins Deutsche hingewiesen wird, folgt die Schreibung des Autorennamens der jeweiligen Publikation.

1 Die Transliteration basiert auf dem Englischen, das z. B. den im Deutschen ch geschriebenen Kehllaut (wie in Sprache) als kh notiert.

Yitskhok Rudashevski

Tagebuch aus dem Ghetto von Wilna

Juni 1941 – April 1943

1941

Juni 1941[1]

Die Arbeit in der Schule ist vorbei. Die Tage sind sonnig und warm. Wir möchten raus aus der Stadt. Wir Pioniere[2] gehen zu einer Pionierversammlung auf dem Schulhof. Wir laufen die im Sonnenlicht badenden Straßen Wilnas entlang. Unser einziges Thema ist das Ferienlager. Unsere Schulfreunde träumen von grünen Feldern, vom Lagerleben. Sie streben hinaus aus der Stadt. Wir fahren mit dem Dampfer nach Verek[3]. Sonniges Grün begrüßt uns. Gegen Abend kehren wir zurück in die von Leben pulsierende, lärmende Stadt. Nie war das Leben so froh und sorgenfrei wie im sowjetischen Sommer von 1941.

Sonntag, 21. Juni 1941[4]

Ein schöner Sommertag. Wir „Zehn" sollen uns heute treffen. Ich gehe zu Gabik[5], damit er das einigen Kameraden mitteilt. Ich traf ihn im Garten, mit einem Beet beschäftigt. Unsere heitere Unterhaltung wurde

1 Der erste Teil, der die Zeit vom Juni 1941 bis zum März 1942 umfasst, ist offensichtlich im Sommer 1942 im Rückblick geschrieben.

2 „Pioniere" meint hier Angehörige einer zum Komsomol, der Jugendorganisation der Kommunistischen Partei, gehörenden Organisation von 10- bis 15-jährigen Kindern und Jugendlichen. Für Aktivitäten waren die Pioniere in Gruppen von jeweils zehn in etwa gleichaltrigen Mitgliedern organisiert.

3 Verek, litauisch Verkių, ist ein populäres Erholungsgebiet nahe Wilna, das man von der Stadt aus mit dem Schiff über den Fluss Neris (polnisch Wilia) erreichen konnte.

4 Der 21. Juni war ein Samstag; offenbar ist Sonntag, der 22. Juni gemeint.

5 Gabik Heller und der etwas ältere Yitskhok waren eng befreundet. Gabik war der einzige Sohn von Dr. Moyshe Heller. Auch Gabik Heller hat Tagebuch geführt. Die erhalten gebliebenen Seiten dieses Tagebuchs, die zwischen Februar und September 1943 entstanden sind, hat Nathan Cohen unter dem Titel „The Last Days of the Vilna Ghetto – Pages from a Diary" mit einer Einleitung und erläuternden Fußnoten veröffentlicht: Yad Vashem Studies XXXI (2003), S. 15–59. Gabik Heller starb während der Auflösung des Wilnaer Ghettos im September 1943.

Doppelseite von Yitskhok Rudashevskis Tagebuch

YIVO Institute for Jewish Research, New York

durch das Heulen einer Sirene unterbrochen. Die Sirene passte so gar nicht zu dem friedlichen, fröhlichen Sommer um uns herum. Die Sirene zerschnitt grausam den blauen Himmel und kündigte etwas Grausames an. Der Abend dieses schönen Sommertags ist verdorben. Bomben explodieren über der Stadt. Die Straße war voll von Rauch. Es herrscht Krieg. Leute sind verwirrt herumgelaufen. Alles hat sich plötzlich so stark verändert. Der glückliche blaue Himmel hat sich in einen mächtigen [Vulkan] verwandelt, der die Stadt mit Bomben überschüttet hat. Allen ist klar geworden: Die Hitler-Anhänger haben unser Land angegriffen. Sie haben uns einen Krieg aufgezwungen. Und so müssen wir Vergeltung üben und zurückschlagen, bis wir den Angreifer auf seinem eigenen Boden zerschmettert haben.

Ich beobachte weiter den ruhigen Rotarmisten, der in unserem Hof Wache steht. Ich spüre, dass ich seiner sicher sein kann, ich sehe, er wird nicht untergehen. Er wird vielleicht getötet, aber der Stern an seiner Mütze wird für immer da sein. Wir sind in einem Keller. Das Dröhnen der Propellermaschinen hindert uns daran nachzudenken, und plötzlich – ein Pfiff und ein scharfer Knall, ein zweiter, ein dritter, ein ganzer Hagel. Es beruhigt sich. Ich denke über unser zukünftiges Leben nach. Ich denke, dass auch wir Jungen Pioniere nicht abseits stehen werden im Kampf. Ich fühle, dass wir nützlich sein können, wir werden unsere Aufgaben haben. Bald, um sechs Uhr, ist ein Treffen unseres Zehners geplant. Ich beschließe, dass wir es abhalten, es riskieren müssen. Ich hatte eine Vorahnung, dass uns harte Aufgaben erwarten. Der Kampf beginnt, die Sowjetunion wird sich erheben. Mit solchen Gedanken ging ich zu unserem Treffpunkt in dem kleinen Park an der Eisenbahnstraße. Bei mir trage ich das Buch „Der Held in Ketten“[6]. Wir werden gemeinsam von Gavroche[7] lesen, dem Kind aus dem Pariser Proletariat, das auf den Barrikaden neben seinen erwachsenen Mitkämpfern fiel. Ich nähere mich dem

6 Eine Bearbeitung von Victor Hugos Roman „Les Misérables“ (1862) für Jugendliche, die in Warschau zweimal in jiddischer Sprache veröffentlicht wurde: Der Giber in Keytn, 1924 im Verlag B. Shimin, 1937 im Verlag M. Goldfarb.

7 Gavroche: Im Roman ein Straßenjunge, der den Barrikadenkämpfern im Pariser Juniaufstand von 1832 hilft.

kleinen Park, niemand ist da. Etwas später kommt Serke[8]. Wir sprechen über die letzten Ereignisse. Wir wurden durch die ersten deutschen Bomben sogleich getrennt. Von all unseren Freunden kamen nur wir beide, und das, weil wir nah an der Bahnlinie wohnen. Jetzt, da ich schreibe, denke ich, dass wir nun ganz andere Pioniere geworden sind. Ich fühle, dass wir kommen werden, wenn sie uns brauchen, sogar wenn es unser letztes Pioniertreffen sein wird.

Serke und ich sitzen eine Weile in dem kleinen Park. Die Bombardements hörten auf, als habe sich der Himmel aufgeklärt. Plötzlich hören wir wieder die Sirene. Wir rennen nach Hause. Wieder erschüttern Explosionen die Luft. Draußen dröhnt und heult es. Im Keller sehe ich ängstliche Menschen mit Bündeln vor mir. Niemand weiß, was uns erwartet. Ein Abend voller Sorge bricht an. Die Menschen erwarten die Nacht mit Schrecken. Ich gehe hinaus auf die Straße. Unaufhörlich fahren Autos vorbei. Der schwarze Himmel ist von rotem Licht erleuchtet. Es muss irgendwo ein großes Feuer geben.

Auch der Montag war ein unruhiger Tag. Laufend verlassen Soldaten der Roten Armee, in Autos zusammengedrängt, die Stadt Richtung Lipovke[9]. Auch die Einwohner fliehen. Die Leute sagen verzweifelt, dass die Rote Armee uns verlässt. Die Deutschen marschieren auf Wilna zu. Der Abend dieses Tags der Verzweiflung naht. Die Autos mit den Rotarmisten sind auf der Flucht. Ich begreife, dass sie uns verlassen. Aber ich bin sicher, dass es Widerstand geben wird.

Ich schaue auf die fliehende Armee, und ich bin sicher, dass sie siegreich zurückkehren wird. Die Nacht war unruhig. Auf der Straße dröhnen Autos. Ab und zu hört man Feuerstöße. Ein Nachbar bemerkt einen

8 Serke: Sore Voloshin, Yitskhoks Cousine und Schulfreundin. Ihr Vater Arn Voloshin, ein Bruder von Yitskhoks Mutter, war Verwaltungsdirektor bei der jiddischen Tageszeitung *Der Tog*. Er, seine Frau Zelde und Sores Schwester Shule kamen um. Sore schloss sich der Widerstandsorganisation FPO (Fareynikte Partizaner Organizatsiya) an, einem am 21. Januar 1942 im Ghetto Wilna geschaffenen Zusammenschluss zionistischer Gruppierungen und der Kommunisten. Sore überlebte als Partisanin in den Wäldern Weißrusslands. Bei ihrer Rückkehr ins befreite Wilna entdeckte sie Yitskhoks Tagebuch.

9 Vorort von Wilna.

roten Stern an meinem Revers. Er sagt, ich solle ihn abnehmen. Ich kann mich mit dem Gedanken nicht anfreunden: Ist es wirklich so? Ich bin voller Sorge und Schmerz, dass es so endet. Ich spüre, dass er recht hat.

Dienstag, 24. Juni 1941

Ich beobachte die leeren, traurigen Straßen. Ein Litauer mit einem Gewehr läuft über die Straße. Ich fange an, den niederträchtigen Verrat der Litauer zu begreifen. Sie haben den Rotarmisten in den Rücken geschossen. Sie machen gemeinsame Sache mit den Hitler-Banditen. Die Rote Armee wird zurückkehren, und du wirst teuer bezahlen, Verräter. Wir werden dein Ende erleben. Dies ist die Antwort auf den litauischen Soldaten mit dem Hakenkreuz. In der Dämmerung fährt ein Motorrad durch die Straße. Ein grauer Helm mit eckigem Rand, Brille, ein Soldatenmantel und ein Gewehr. Leider der erste Soldat der deutschen Invasionsarmee, den ich zu Gesicht bekomme. Kalt und böse blinkt der Helm. Etwas später gehe ich hinunter auf die Straße. Heute um zehn Uhr sollen wir eine Versammlung der „Zehn" haben. Die Schulbibliothek ist heute geöffnet. Ich weiß, dass ich dort niemanden finden werde. Doch ich gehe auf jeden Fall zur Schule. Das alles ist zu plötzlich passiert. Es ist schwer zu verstehen, dass jetzt alles zum Stillstand gekommen ist. Ich nähere mich der Schule. Die Schule ist dichtgemacht. Ich treffe einen Freund. Und wir gehen wie Fremde breite Straßen entlang. Die deutsche Armee marschiert. Wir stehen beide mit hängenden Köpfen da. Ein schwarzes Trugbild mit Panzern, Motorrädern und Maschinen.

Ich erinnere mich, wie ich im letzten Jahr fast um die gleiche Zeit in einem litauischen Städtchen der Roten Armee begegnete, wie wir etliche Kilometer liefen, um auf den ersten sowjetischen Panzer zu treffen, der dort angehalten hatte.[10] Ein Jahr ist vergangen, und nun fahren deutsche Panzer über die Wilnaer Straßen. Und mir scheint, das alles ist ein

10 Gemeint ist der Einmarsch der Roten Armee in Litauen am 15. Juni 1940. In derselben Nacht flohen die litauische Regierung und Armeeführung nach Deutschland. Am 21. Juni wurde die Errichtung einer litauischen Sowjetrepublik proklamiert, die am 3. August 1940 der Sowjetunion beitrat.

schlimmer Irrtum, der bald korrigiert werden wird. Ich stelle mir das Leben unter den Deutschen als eine kurze vorübergehende Periode vor. Ich beobachte den Einmarsch der Deutschen, und ich denke schon über ihren Abzug nach. Ich stelle mir vor, wie sie geschlagen und kopflos fliehen. Die Rote Armee ist wieder da. Ich ging meine Lehrerin Mire[11] besuchen. Sie saß da in schwermütiger Stimmung. Wir verstanden einander. Sie riet uns, unsere Halstücher[12] sicher zu verstecken. Ich ging zu meinem Freund Benkye Nayer. Ich traf ihn dabei an, wie er Zeitschriften, Bücher und Hefte im Herd verbrannte. Als ich nach Hause kam, zündete ich auch den Herd an und versteckte das Halstuch. Der erste Tag unter den deutschen Eroberern ging vorüber. Ich liege nachts wach und denke nach. Deutsche Autos fahren weiter Tag und Nacht vorbei. Ich denke darüber nach, wie schutzlos wir sind, isoliert voneinander, ganz der Gnade der Hitlerleute ausgeliefert.

Wochen ziehen dahin. Ich bin aus dem Sommeraufenthalt in der Umgebung zurückgekommen und an das Haus, an den Hof gekettet. Unsere Gruppe trifft sich nicht. Wir haben absolut keinen Kontakt untereinander. Jeder ist mit seinen alltäglichen Sorgen beschäftigt. Juden werden erniedrigt und ausgebeutet. Man muss in langen Schlangen anstehen, um Brot und andere Waren zu bekommen. Juden werden daraus vertrieben. Deutsche gehen die Reihen entlang, zerren die Juden heraus. Juden bekommen weniger Lebensmittel als die Arier. Unser Leben ist ein Leben hilflosen Schreckens. Unser Tag hat keine Zukunft. Wir haben nur einen

11 Mire Bernshteyn, eine Lehrerin am Wilnaer Realgymnasium, war in der Zeit der Sowjetherrschaft Direktorin der Schule. Sie war eine begabte Pädagogin und maßgeblich an der Organisation des Schulunterrichts im Ghetto beteiligt. Als Kommunistin gehörte sie zu den aktiven Mitgliedern der FPO, konnte sich aber aus gesundheitlichen Gründen nicht den Partisanen anschließen, die in die Wälder gingen. Sie starb in einem der Todeslager in Polen. Avrom Sutskever (Abraham Sutzkever) hat sie in seinem langen Gedicht „Die Lehrerin Mire“ porträtiert, das er am 10. Mai 1943 im Wilnaer Ghetto schrieb (Avrom Sutskever: Poetishe Verk, Tel Aviv 1963, Bd. I, S. 307–309). Unterschiedliche Übersetzungen ins Deutsche finden sich in den Sammlungen Abraham Sutzkever, Gesänge vom Meer des Todes, Zürich 2009, S. 70–72 und ders., Geh über Wörter wie über ein Minenfeld. Lyrik und Prosa, Frankfurt a. M. 2009, S. 123 f.

12 Die Pioniere trugen rote Halstücher.

Trost. Die Rote Armee zeigt kämpferischen Geist. Sie hat sich wieder gesammelt. Sie teilt Schlag auf Schlag aus, leistet Widerstand. Die Deutschen haben verstanden, dass sie dies nicht mit einem schnellen Streich erledigen können. Sie haben es mit mutigen Kämpfern zu tun, die unsern Kampf nicht aufgeben.

Litauische Häscher[13] laufen herum, um jüdische Männer zu fangen, treiben sie zu einem Sammelplatz und schicken sie zur Arbeit. Viele von ihnen kommen nicht zurück. Ich gehe manchmal zum Hof der Gemeindeverwaltung in der Strashun 6.[14] Ich bringe Essen für Vater dorthin. Hier werden viele Juden zusammengetrieben. Von hier aus werden sie zur Arbeit gebracht. Ich betrete den Hof. Der Hof ist von Männern bevölkert, grauen, traurigen, mutlosen Männern wie eine große, angsterfüllte, raunende Herde. Ab und zu kommt eine Frau klagend in den Hof gerannt. Hier kommt jeder mit seinem Unglück in den kleinen Raum, wo der erste Judenrat Wilnas sitzt. Sie glauben, ihnen werde dort geholfen. Eben stürzt ein Deutscher in den Hof. Die Leute rennen zu ihm. Sie bieten sich ihm an, denn sie wissen, dass er ein guter Deutscher ist.

Der Deutsche sucht eine Gruppe gesunder Männer aus, selektiert sie wie Pferde, indem er bei jedem die Muskeln prüft, lässt sie sich in einer Reihe aufstellen und befiehlt ihnen loszugehen. Die übrigen rasen hinter ihm her. Der Deutsche vertreibt sie mit seinem Gürtel …

Es dämmert. „Wir haben einen weiteren Tag hinter uns gebracht“, sagen die Frauen zueinander. Die Männer unseres Hofs kommen an, schwitzend und staubbedeckt. Den ganzen Tag über haben sie Kisten in die Waffenlager geschleppt.

Unsere Herzen brechen, wenn wir Zeugen der beschämenden Szene werden, dass Frauen und ältere Leute von kleinen Banditen mitten auf der Straße geschlagen und getreten werden. Eine Aufführung. Deutsche stehen da und sehen sich einen Pulk nichtjüdischer Frauen an. Ich stehe am

13 Von der Gestapo beschäftigte litauische Faschisten. Im Ghetto-Jargon wurden sie „Khapunes“ genannt, Häscher oder Greifer. Sie hatten Helfer, Jungen, die in den Straßen und Häusern Juden nachspionierten, die sich zu verstecken suchten. Für jeden gefangen genommenen Juden, der ermordet werden sollte, erhielten die Häscher 10 Rubel.

14 In der Strashun Straße 6 war das Hauptquartier des Judenrats.

Fenster und bin wütend. Tränen kommen mir in die Augen: All unsere Hilflosigkeit, all unsere Verlassenheit liegt auf der Straße. Es gibt niemanden, der uns beispringt. Und wir allein sind so hilflos! So hilflos. Das Leben wird immer schwieriger. Die Leute gehen nirgendwo mehr hin. Auf etlichen Straßen darf ein Jude sich nicht mehr zeigen. Nur am Morgen schlüpfen verängstigte jüdische Frauen aus dem Haus, um etwas einzukaufen. Die Männer gehen zur Arbeit. Es regnet unaufhörlich. Wir sind so traurig, so allein. Wir sind Spott und Erniedrigung ausgesetzt. Häufig überfällt ein neues Gefühl schrecklicher Angst die wenigen Nachbarn im Hof. Man sucht nach Waffen. Der Hof ist voller Deutscher. Es klingelt, das Tor wird aufgerissen, und alle Herzen klopfen. Deutsche mit Helmen stürzen herein, ihre Waffen scheppern. Eingeschüchtert werden ihnen die Schränke und Schubladen geöffnet. Brutal zerren, werfen, schleudern sie alles heraus, gehen weg und lassen ein trauriges Haus mit überall verstreuten Gegenständen zurück. Wir stehen mit blassen Gesichtern da. Wir beruhigen uns erst, als wir erfahren, dass sie gegangen sind. Die Stimmung wird von Tag zu Tag schlechter. Leute reden von einem Ghetto. An den regnerischen Abenden treffen wir uns in einem Nachbarhaus und sprechen über die Neuigkeiten, über die Bedingungen in einem Ghetto, das nun aktuell geworden ist.

Am Abend kamen zwei Deutsche mit Motorrädern und gingen zu unserem Nachbarn. Sie kamen aus Glubock[15].

[Dienstag,] 8. Juli [1941]

Es wurde die Anordnung erlassen, dass die jüdische Bevölkerung Wilnas vorne und hinten Abzeichen tragen muss – einen kreisförmigen gelben Fleck mit dem Buchstaben J darin.[16] Der Tag bricht an. Ich schaue aus dem Fenster und sehe die ersten Wilnaer Juden mit Abzeichen vor mir. Es

15 Glubock: heute Hlybokaye in Weißrussland, eine Stadt etwa 200 km östlich von Wilna im Gebiet von Witebsk.

16 Der Befehl zur Kennzeichnung der Juden durch einen gelben Kreis mit dem Buchstaben J darin wurde am 4. Juli 1941 vom deutschen Feldkommandanten Oberst Max Zehnpfennig erlassen. Diese Anordnung wurde einige Male verändert, bis endgültig festgelegt wurde, dass die Juden mit einem gelben Davidstern auf der Brust und auf dem Rücken gekennzeichnet sein sollten.

tat weh zu sehen, wie Leute sie anstarrten. Das große Stück gelber Stoff auf ihren Schultern schien mich zu verbrennen, und lange Zeit konnte ich das Abzeichen nicht anlegen. Ich fühlte einen Buckel, als hätte ich zwei Frösche auf mir sitzen. Ich schämte mich, damit auf der Straße zu erscheinen, nicht weil man bemerken würde, dass ich Jude bin, sondern weil ich mich dafür schämte, was sie uns antun. Ich schämte mich unserer Hilflosigkeit. Wir werden von Kopf bis Fuß mit Abzeichen behängt und können einander überhaupt nicht helfen. Es verletzte mich, dass ich überhaupt keinen Ausweg sah. Jetzt beachten wir die Abzeichen nicht mehr. Das Abzeichen ist an unseren Mantel geheftet, berührt aber nicht unser Selbstbewusstsein. Jetzt besitzen wir so viel Selbstbewusstsein, dass wir sagen können: Wir schämen uns unserer Abzeichen nicht! Sollen die sich schämen, die sie uns angehängt haben. Sollen sie ein brennendes Mal für jeden bewussten Deutschen sein, der versucht, über die Zukunft seines Volkes nachzudenken.

Es ist das Ende des Sommers 1941

Wir wissen nicht, was uns erwartet. Niemals zuvor habe ich das Herannahen des Herbstes so gefühlt wie in jenen Tagen. Die Tage wurden immer unruhiger. Die Möbel der Juden werden konfisziert. Die Leute reden über ein Ghetto. Plötzlich verbreitete sich die schreckliche Nachricht von der Provokation[17] in der Daytsche-, Shavler-, Mikolayvske-, Disnergasse und in anderen Gassen. In der Nacht wurde die jüdische Bevölkerung aus diesen Gassen hinausgeführt, wohin, wissen wir nicht. Später

17 Am 31. August 1941 betraten zwei Litauer ein Eckhaus und schossen aus dem Fenster, das neben einem von deutschen Soldaten besuchten Kino lag. Die Litauer liefen heraus und riefen, die Juden hätten geschossen. In den folgenden Tagen begann der systematische Massenmord: 3700 jüdische Männer, Frauen und Kinder aus Wilna wurden laut einer Aufzeichnung des Einsatzkommandos 9 ermordet. Gebietskommissar Hans Hingst veröffentlichte eine Bekanntmachung, in der er den Massenmord als Repressalie in Reaktion auf den erwähnten Vorfall zu rechtfertigen versuchte. Die Ghettobewohner nannten die Mordaktion später die „Große Provokation". Christoph Dieckmann, Deutsche Besatzungspolitik in Litauen 1941–1944, Göttingen 2011, S. 974–977.

Ein litauischer Soldat mit einer Hakenkreuzbinde
führt gekennzeichnete Juden zur Zwangsarbeit; Wilna, Juli 1941.
Fotograf: Schmidt-Schaumburg, Propaganda-Kompanie.
BArch, Bild 101I-006-2230-10

wurde es bekannt: nach Ponar, wo sie erschossen wurden.[18] Die Lage wurde immer angespannter. Die Juden in unserem Hof sind verzweifelt. Sie bringen Sachen zu ihren christlichen Nachbarn. Es begannen die traurigen Tage des Packens, schlaflose Nächte voll ruheloser Erwartung des nächsten Tages. Es ist die Nacht vom 5. auf den 6. September, eine schöne, schlaflose Septembernacht, eine schlaflose, verzweifelte Nacht, Menschen wie Schatten. Sie sitzen in hilfloser, schmerzhafter Erwartung mit ihren Bündeln da. Morgen werden wir ins Ghetto geführt.

[Samstag,] 6. September [1941]

Ein schöner, sonniger Tag hat begonnen. Die Straßen sind von Litauern abgesperrt. Die Straßen sind unruhig. Jüdische Arbeiter dürfen hinein. Für die Wilnaer Juden wird ein Ghetto geschaffen.[19]

Im Haus wird gepackt. Die Frauen laufen hin und her. Sie ringen die Hände beim Anblick des Hauses, das aussieht wie nach einem Pogrom. Ich gehe mit trüben Augen zwischen den Bündeln umher, ich sehe, wie wir über Nacht aus unserem Heim geworfen werden. Bald zeigt sich uns der erste Anblick vom Umzug ins Ghetto, ein Bild aus dem Mittelalter: Eine grau-schwarze Masse von Leuten läuft wie angeschirrt vor großem Gepäck. Wir verstehen, dass wir bald an der Reihe sein werden. Ich schaue mich verwirrt im Haus um, sehe die Bündel, die schockierten, verzweifelten Leute. Ich sehe Dinge verstreut herumliegen, die mir einmal teuer waren, die ich zu benutzen gewohnt war. Die christlichen

18 Ponar (litauisch Paneriai) war vor dem Krieg ein bei den Bewohnern Wilnas beliebter Ausflugsort in einem Waldgebiet, etwa 10 km vom Stadtzentrum Wilnas entfernt. Dorthin wurden die meisten Juden aus dem Wilnaer Ghetto verbracht. An Gruben, die unter sowjetischer Herrschaft zur Anlage eines Treibstofflagers ausgehoben worden waren, erschossen die Einsatzkommandos der Sicherheitspolizei und des SD, deutsche Polizei und litauische Kollaborateure mindestens 80 000 Menschen, vorwiegend Juden, aber auch Polen, Russen, Roma und litauische Kommunisten.

19 Zwischen dem 3. und 5. September wurde das Gebiet in der Altstadt von Wilna, aus dem die Juden zuvor nach Ponar verschleppt worden waren, eingezäunt, um zwei Ghettos zu errichten. Am 6. September mussten alle Juden ins Ghetto umziehen, etwa 29 000 aus den südlichen Stadtgebieten ins Ghetto I und 9600 aus den nördlichen ins Ghetto II. Die Ghettogrenzen wurden von der litauischen Stadtpolizei bewacht. Dieckmann, Deutsche Besatzungspolitik in Litauen, S. 981.

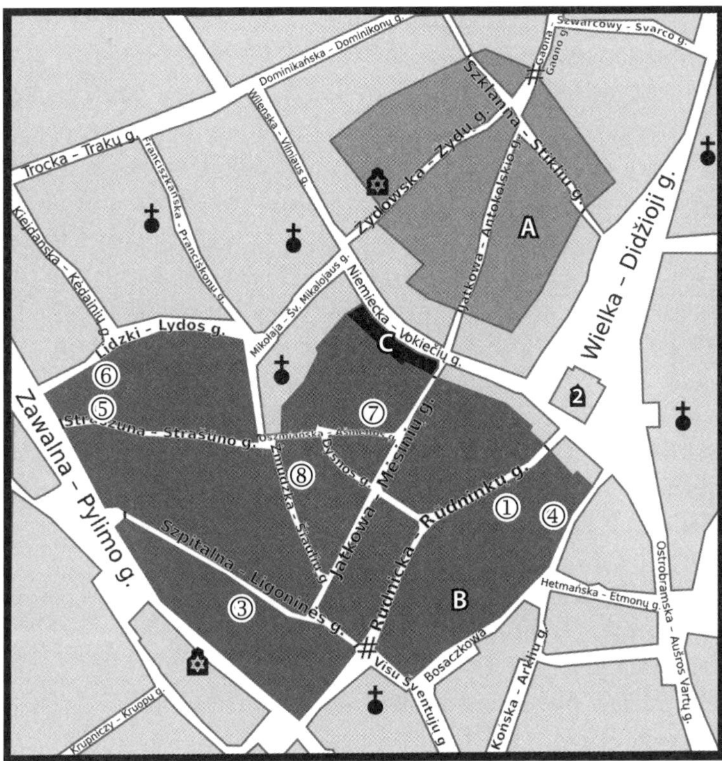

Karte des Ghettos von Wilna

A kleines Ghetto (im Oktober 1941 aufgelöst)
B großes Ghetto (im September 1943 aufgelöst)
C Vergrößerung des Ghettos im September 1942
\# Ghettotore
schwarze Punkte mit Kreuz = christliche Kirchen
Häuser mit Davidstern = Synagoge
1 Haus des Judenrats
2 Rathaus
3 jüdisches Krankenhaus
4 Ghettotheater
5 Ghettobibliothek
6 Ghettogefängnis
7 Hauptquartier der FPO, der jüdischen Widerstandsorganisation
8 die größere der beiden Toraschulen im Ghetto

Nachbarn tragen die Bündel auf den Hof. Auf unserer Straße strömen immer neue Massen von Juden zum Ghetto. Die wenigen Juden in unserem Hof beginnen, die Bündel zum Tor zu schleppen. Christen stehen dort und nehmen an unserem Unglück teil. Einige Juden heuern christliche Jungen an, ihnen beim Schleppen der Bündel zu helfen. Plötzlich wird einer Nachbarin ein Bündel gestohlen. Verzweifelt steht die Frau zwischen ihren Bündeln und weiß nicht, wie sie mit ihnen fertig werden soll; sie weint und ringt die Hände. Plötzlich fängt alles um mich herum an zu weinen. Alles weint. Die Leute blicken weinend auf die Bündel, mit denen sie nicht fertig werden können. Da platzte ein Bündel einer Frau auf, Eier fingen an, zu Boden zu rollen. Die Sonne ist hinter den Wolken verschwunden, als schäme sie sich dafür, was Menschen tun. Es hat zu regnen begonnen. Auch wir werden in der Menge der Juden mit ihrem Gepäck davongetragen … Die Straße ist überflutet von Juden mit ihren Bündeln. Die erste große Tragödie. Die Leute sind vor dem Gepäck angeschirrt, das sie über das Pflaster schleppen. Leute fallen, das Gepäck verstreut sich. Vor mir krümmt sich eine Frau unter ihrem Gepäck. Daraus rinnt ein dünner Faden Reis auf die Straße. Ich laufe beladen und gereizt.

Die Litauer treiben uns an, lassen uns nicht ausruhen. Ich denke an nichts, nicht daran, was ich verliere, was ich gerade verloren habe, nicht, was mich erwartet. Ich sehe die Straßen vor mir nicht, die vorbeilaufenden Leute. Ich fühle nur, dass ich schrecklich erschöpft bin, ich fühle, dass eine Beleidigung, eine Verletzung in mir brennt. Hier ist das Ghettotor. Ich fühle, dass ich ausgeraubt worden bin, meine Freiheit ist mir geraubt worden, mein Zuhause und die vertrauten Straßen von Wilna, die ich so liebe. Ich bin von allem abgeschnitten worden, was mir lieb und teuer ist. Am Tor gibt es ein großes Gedränge. Schließlich bin ich auf der anderen Seite des Tors. Der Strom von Menschen schleudert mich in einen Eingang, der von Bündeln blockiert ist. Ich werfe die Bündel ab, die in meine Schultern schneiden. Ich finde meine Eltern, und schon sind wir im Ghettohaus. Es ist dämmrig, ziemlich dunkel und regnerisch. Die kleinen Gassen, Rudnitski, Shavler, Yatkever, Shpitalne und Disner, die das Ghetto bilden, sehen wie Ameisenhaufen aus. Es wimmelt vor Leuten. Die Neuankömmlinge fangen an sich niederzulassen,

Eingang zum Ghetto (Rudnickastraße), 1941
Überschrift auf dem Schild: „Achtung Judenviertel! Seuchengefahr!“
Wikimedia Commons / Public Domain
https://de.wikipedia.org/wiki/Pelzfabrik_Kailis#/media/Datei:9-_Vilnius-Maison_verte-DSC05333-_Entrée_du_ghetto_de_Vilnius.JPG

jeder an seinem winzigen Platz, auf seinen Bündeln. Weitere Juden strömen beständig herein. Wir lassen uns in unserem Raum nieder. Außer uns vieren sind elf Personen in dem Zimmer. Das Zimmer ist schmutzig und muffig. Es ist überfüllt. Die erste Ghettonacht. Wir liegen zu dritt auf zwei Türen. Ich schlafe nicht. In meinen Ohren hallen die Klagen dieses Tages wider. Ich höre das ruhelose Atmen von Leuten, mit denen ich plötzlich zusammengeworfen worden bin, Leute, die genau wie ich plötzlich aus ihrem Zuhause herausgerissen worden sind.

Der erste Ghettotag beginnt. Ich renne direkt auf die Straße. Die Gassen sind immer noch voll von einer ruhelosen Masse von Leuten. Es ist schwierig, sich durchzukämpfen. Ich fühle mich wie in einem Kasten. Es gibt keine Luft zum Atmen. Wohin auch immer man geht, man trifft auf eine Schranke, die einen aufhält. Wir treiben auf das Tor zu, das uns von der Strashun-Gasse trennt, und ich finde Verwandte und Bekannte. Viele Leute haben keinen Raum mehr, in dem sie leben können. Sie lassen sich auf Treppen nieder, in Lagerhäusern. Plötzlich beginnt die Masse der Leute in der Straße zu schwanken, Leute beginnen vor Angst zu rennen. Deutsche Offiziere werden sie fotografieren, die gewundenen Gässchen, die erschrockenen Leute. Sie haben Spaß an dem Mittelalter, das sie ins 20. Jahrhundert versetzt haben!!!!

Sie gehen bald weg. Die Leute beruhigen sich. Ich beschließe, meine Freunde im Hof aufzuspüren. Ich glaube, wir alle werden hier sein. Bald finde ich Benkye Nayer, Gabik und mehrere andere. Den ersten Tag verbringt man damit, sich niederzulassen, einander aufzuspüren. Am zweiten Abend im Ghetto fühlen sich die Leute ein bisschen mehr zu Hause, ruhiger. Meine Kameraden rechnen aus, wie viele Wochen wir hier sitzen werden. Nachts geht es wieder stürmisch zu. Deutsche Soldaten sind ins Ghetto geschlüpft, um zu plündern. Am Tor klopft es. Leute ziehen sich in den überfüllten Quartieren schleunigst an, und nun stürzen drei Soldaten herein. Sie suchen, krabbeln über das Bettzeug mit ihren Füßen. Sie halten nach Ringen auf den Fingern der Leute Ausschau, plündern, richten ein Chaos im schlummernden Haus an und gehen weg, ohne etwas mitzunehmen. Frauen rufen hinter ihnen her: „Danke, lieber Herr, gute Nacht“. Ich verstehe nicht, worin der Grund für die Danksagungen liegen soll – weil sie nicht ausgeraubt worden sind? – zumal der Räuber ohnehin nicht daran interessiert ist, irgendetwas zu hören. Ich bin davon angewidert. Ich bin aufgebracht. Die entnervten Leute wünschen einander eine gute, ruhige Nacht und legen sich wieder hin.

Die ersten Ghettotage jagen vorbei

Vater arbeitet wieder in einem Munitionslager. Das Haus ist überfüllt und verraucht. Wie viele andere gehe ich auf die Jagd nach Feuerholz. Wir brechen Türen, Fußböden auf und tragen Holz weg.[20] Einer versucht dem andern etwas wegzuschnappen, man streitet über ein Stück Holz, die erste Auswirkung dieser Verhältnisse auf die Menschen. Leute werden kleinlich, grausam den anderen gegenüber. Bald bemerken wir die ersten jüdischen Polizisten. Sie sollen die Ordnung im Ghetto aufrechterhalten. Im Lauf der Zeit aber werden sie eine Kaste, die den Unterdrückern bei ihrer Arbeit hilft. Mithilfe der jüdischen Polizei bringt die Gestapo im Lauf der Zeit vieles fertig. Die jüdischen Polizisten helfen, ihren Brüdern an die Kehle zu gehen, sie helfen, ihre Brüder zu Fall zu bringen.

Gegen Abend kehren die Juden erschöpft von der Arbeit zurück. Ich werde Vater treffen. Um das Ghettotor herum presst sich die Menge zu einer Reihe zusammen. Sie lassen die ankommenden Arbeiter vorbei. Sie übernehmen von ihnen die Beutel mit Kartoffeln, um die sie in der Stadt feilschen. Ich gehe weiter durch die Wilnaer Straßen. Die Gruppe geht zum Munitionslager in Hrubishki[21]. Der Weg dorthin ist schön. Die Munitionslager liegen in einem schönen, eingefriedeten Wald, wo es frisch und angenehm ist. Ich atme leichter. Die Männer wenden sich gleich den Karren und den Kisten zu. Am Abend kehre ich mit der Gruppe zurück und falle zurück ins Ghetto. Morgens gehen viele Leute als Christen verkleidet weg. Sie gehen zu ihren christlichen Nachbarn, um Dinge zu erbitten, Lebensmittel. Am Morgen ging ich auch weg und kam bald mit einem vollen Rucksack zurück.

20 Die Versorgung mit dem für das Heizen und Kochen unentbehrlichen Holz war völlig unzureichend und besserte sich erst 1942 mit der Einrichtung von Waldlagern, aus denen Holz ins Ghetto gebracht wurde. Dieckmann, Deutsche Besatzungspolitik in Litauen, S. 1113 f.

21 Stadtteil südöstlich des Zentrums von Wilna, heute Ribiškės.

Zwei Wochen Ghettoleben sind vorbei. Die Arbeiter der wichtigsten deutschen Arbeitstrupps erhalten Stempel auf ihren Arbeitsausweisen. Diejenigen, die keinen solchen Ausweis erhalten, müssen mit ihren Familien ins zweite Ghetto umziehen. Die Lebensweise, die sich gerade eingestellt hat, wird erneut durcheinandergebracht. Wieder gehen beunruhigte Leute zum zweiten Ghetto.

Heute ist Jom Kippur. Mir geht es nicht gut, ich habe Fieber. Heute ist das Ghetto voller Sturmisten[22]. Sie dachten, Juden würden heute nicht zur Arbeit gehen, deshalb sind sie ins Ghetto gekommen, um sie zu holen. In der Nacht wurde es plötzlich unruhig. Die Leute stehen auf. Das Tor öffnet sich. Es entsteht ein Aufruhr. Litauer sind gekommen. Ich blicke in den Hof und sehe, wie sie zwei Leute mit Bündeln abführen. Ich höre Stiefel auf den Treppen poltern. Doch bald beruhigt es sich. Man hat den Litauern Geld gegeben und sie sind gegangen. Auf diese Weise versuchen die wehrlosen Juden sich zu retten. Am Morgen verbreiten sich schreckliche Neuigkeiten. Mehrere Tausend Menschen wurden nachts aus dem Ghetto herausgerissen.[23] Diese Leute kamen niemals zurück.

Später hörten wir von der Liquidierung des zweiten Ghettos. Dasselbe, was uns passiert ist, ist ihnen geschehen und geht dort noch weiter vor sich. Unruhige, heftige Tage sind gekommen. Leute aus dem anderen Ghetto suchten Rettung, rannten innerhalb des Ghettos herum. So wurde das zweite Ghetto eine Falle, in der Tausende wehrloser Juden gefangen werden sollten. Auch in unserem Ghetto gibt es große Unruhe. Die weißen Ausweise werden gegen gelbe ausgetauscht, von denen jedoch nur sehr wenige ausgegeben werden.[24] So wurde der gelbe Ausweis geboren,

22 Gemeint sind Männer der Ypatingasis būrys, litauische Freiwillige, die dem deutschen Einsatzkommando unterstellt waren.

23 Dieckmann schätzt die Zahl der an diesem Tag Verschleppten und Ermordeten aus beiden Ghettos auf 3700 bis 4000. Dieckmann, Deutsche Besatzungspolitik in Litauen, S. 992.

24 Die Ausweise wurden vom Arbeitsamt ausgegeben. Facharbeiter konnten die „gelben" (braunen) Ausweise erhalten und Familienmitglieder mit darauf eintragen lassen. Auf einem solchen Ausweis eingetragen zu sein, schien das Überleben zu sichern.

ARBEITSAMT WILNA

Wilna, den 20.Oktober. 1941.

Facharbeiter Ausweis Nr. 662

Der Jude / Die Jüdin KLIONSKI (Zuname) Uri (Vorname)

ist bei Ghettoverwaltung als Mitarbeiter des Judenrat

beschäftigt und darf ohne Einwilligung des Arbeitsamts nicht anderweitig verwendet werden.

Dieser Ausweis hat nur Gültigkeit in Verbindung mit dem Personalausweis und ist befristet bis 31.Maerz.1942.

Nach Ablauf ist der Ausweis der Beschäftigungsstelle zurückzugeben

Siegel **Im Auftrage**

1 Staatsdruckerei, Wilna. — 1746.

Der „gelbe Schein“ (Arbeitsausweis)

Wikimedia Commons / Public Domain
https://de.wikipedia.org/wiki/Pelzfabrik_Kailis#/media/Datei:
Arbeitschein_im_Ghetto_Wilna_(Vilna,_Vilnius),_1941.jpg

die blutgetränkte Täuschung; dieses kleine Stück Papier schuf solch eine Tragödie für die Wilnaer Juden. Die Tage sind voll banger Erwartungen. Tage vor dem Sturm. Die Leute, hilflose Kreaturen, taumeln in den Gässchen umher: Wie Tiere, die den aufziehenden Sturm spüren, suchen alle nach einem Versteck, um ihr Leben zu retten. Sie lassen sich als Familienmitglieder von Besitzern gelber Ausweise registrieren. Das Schicksal spaltet die Leute des Ghettos plötzlich in zwei Teile auf. Ein Teil besitzt gelbe Ausweise. Sie glauben an die Macht dieses kleinen Stücks Papier. Es verleiht das Recht zu leben. Der zweite Teil – verlorene, verzweifelnde Leute, die ihren Untergang erahnen und nicht wissen, wohin sie gehen sollen. Wir haben keine gelben Ausweise. Unsere Eltern rennen herum wie hundert andere, wie im Fieber.

Etwas Schreckliches liegt in der Luft. Bald, bald wird etwas explodieren. Es kommt ein aufwühlender Abend. Die Straßen sind voller Menschen. Die Inhaber gelber Ausweise lassen sich registrieren. Wer immer es kann, versteckt sich. Das Wort „Maline“ (Versteck) ist wichtig geworden. Sich zu verstecken, sich zu begraben: in einem Keller, auf einem Dachboden, um sein Leben zu retten. Dutzende von Leuten bitten diejenigen, die in der Schlange stehen, die Auserwählten, inständig darum, auf ihren gelben Ausweisen registriert zu werden. Leute bieten Geld und Gold an für das Privileg, registriert zu sein.[25]

Die Mieter des Hauses begeben sich in ein Versteck. Wir gehen mit ihnen. Drei Stockwerke hohe Lagerhäuser im Hof der Shavler Straße 4. Treppen führen von einem Stockwerk zum andern. Die Treppen vom ersten zum zweiten Stockwerk sind demontiert worden, und die Öffnung ist mit Brettern versperrt worden. Das Versteck besteht aus zwei kleinen Lagerräumen. Man betritt es durch ein Loch in einer Wand der Wohnung, die an das oberste Stockwerk des Verstecks grenzt. Das Loch ist mit einem Küchenschrank genial zugestellt. Eine Wand des Schranks dient zugleich als kleines Tor zu dem Loch. Viele Leute sind auf den zwei Stockwerken des Verstecks zusammengekommen. Sie schleichen bei

25 Facharbeiter, die keine Angehörigen hatten oder deren Angehörige ermordet worden waren, gaben Menschen als Familienangehörige aus, mit denen sie nicht verwandt waren.

Kerzenlicht wie Schatten an den kalten, dunklen Kellerwänden[26] entlang. Das ganze Versteck ist von ruhelosem Raunen erfüllt. Eine eingekerkerte Masse von Leuten. Alle beginnen, sich in den Ecken, auf den Treppen niederzulassen. Man hört nur das Schnarchen der Schlafenden, ein stöhnendes, ruheloses Raunen. Es ist stickig. Ein Kellergeruch und Geruch zusammengedrängter Leute. Ab und zu entzündet jemand ein Streichholz. Bei Licht sehe ich Leute auf den Ziegeln liegen wie Lumpen im Schmutz. Ich denke: In was für eine Hilflosigkeit, in was für ein gebrochenes Wesen kann der Mensch verwandelt werden? Ich bin mit meiner Weisheit am Ende. Ich fange an, mich stark zu ekeln. Bei Tagesanbruch war ich kaum noch am Leben. Die Leute kriechen heraus. Der Tagesanbruch bringt eine neue Nachricht. Leute mit gelben Ausweisen müssen das Ghetto mit ihren Familien verlassen.[27] Sie werden gehen, und jetzt wird das Spiel anfangen. Ich blicke auf die Masse der Leute mit Bündeln, die zum Tor strebt. Sie gehen dem Leben entgegen. Wie ich sie beneide! Ich möchte auch das verfluchte Ghetto verlassen, das eine schreckliche Falle wird. Ich möchte wie sie, die Leute mit den gelben Ausweisen, weggehen, den Sturm hinter mir lassen, mein Leben retten.

Ich habe meinen Freund Benkye Nayer getroffen. Er ist blass, hat nicht genug Schlaf bekommen. Auch er hat die Nacht in einem Versteck verbracht. Es war das letzte Mal, dass ich ihn sah.

Wir sind wieder im Versteck. Wir erwarten jeden Augenblick etwas. So auf Bündeln liegend, schlief ich ein. Ein Lärm, das Geräusch von Leuten, die sich aneinander drängen, weckte mich auf. Ich verstand, dass

26 Gemeint ist, dass die Wände des Verstecks wie Kellerwände wirken.

27 Durch erzwungene Umsiedlungen hatten die Deutschen die jüdischen Facharbeiter im Ghetto I konzentriert, während Juden ohne Arbeitsausweis ins Ghetto II kamen. Zwischen dem 3. und dem 21. Oktober wurden fast alle Bewohner von Ghetto II, etwa 8700 Menschen, ermordet. Ab 15. Oktober wurden alle bisherigen Arbeitsausweise für ungültig erklärt und dunkelbraune Ausweise für Facharbeiter neu ausgegeben, die im Ghetto „gelbe Scheine" genannt wurden. Diese Ausweise galten nur für Ehepartner und zwei Kinder bis zu 16 Jahren. Vom 3. bis 5. November mussten sich alle Angehörigen von Juden mit „gelben Scheinen" im Ghetto II aufhalten, während Ghetto I durchsucht wurde, um Versteckte aufzuspüren. Etwa 1500 Menschen wurden zwischen dem 6. und 19. November in Ponar ermordet. Dieckmann, Deutsche Besatzungspolitik in Litauen, S. 996–1001.

die Litauer schon im Ghetto waren. Das Versteck wird voller und voller. Wir sind schließlich so dicht aneinander gedrängt, dass wir uns nicht mehr bewegen können. Das Versteck wird zugenagelt. Meine Eltern sind irgendwo ein Stockwerk höher. Ich bin mit meinem Onkel im unteren Stockwerk. Das Versteck ist von ruhelosem Flüstern erfüllt. Kerzen werden angezündet. Leute beschwichtigen einander. Plötzlich ist da ein Geräusch auf der Treppe. Leute ballen sich zusammen. Ein alter Jude ist in dem engen Durchgang zum zweiten Stock hängengeblieben. Seine Füße baumeln über den Köpfen der Leute unten. Er wird heruntergeholt. Leute rufen: „Bringt Wasser!" Aber allmählich wird alles still. Alles wird völlig eingehüllt in schwarze, schauderhafte Stille, eine Stille, aus der die große Tragödie unserer Hilflosigkeit schreit, der zerstörerische Sturm, der jetzt durch das Ghetto fegt. Man hört einen schwachen Schall, als ob ein Sturm durch Rufe, durch Schüsse unterbrochen würde. Mein Herz pocht, als schlage es im Rhythmus des Sturms draußen. Bald fühle ich, dass der Sturm sich uns nähert. Mein Kopf ist benommen, kalter Schweiß bricht aus, mein Herz hört völlig auf zu schlagen.

Wir sind wie von Jägern umstellte Tiere, Jäger auf allen Seiten: unter uns, über uns, an den Seiten. Aufgebrochene Schlösser knacken, Türen quietschen, Äxte, Sägen. Ich spüre den Feind unter den Bohlen, auf denen ich stehe. Das Licht einer Glühbirne sickert durch die Spalten. Sie hämmern, zerreißen, zerbrechen. Bald hört man den Angriff von der anderen Seite. Plötzlich, irgendwo oben, bricht ein Kind in Tränen aus. Ein verzweifeltes Stöhnen bricht aus jedermanns Mund. Wir sind verloren. Ein verzweifelter Versuch, dem Kind Zucker in den Mund zu stopfen, bleibt ohne Erfolg. Man verstopft dem Kind den Mund mit Kissen. Die Mutter des Kindes weint. Leute schreien in wildem Schrecken, man solle das Kind ersticken. Das Kind schreit lauter. Die Litauer schlagen stärker gegen die Wände. Doch langsam beruhigt sich alles von selbst. Wir verstehen, dass sie weggegangen sind. Später hörten wir eine Stimme von der anderen Seite des Verstecks. Ihr seid befreit. Mein Herz schlägt so vor Freude! Ich bin am Leben geblieben!

Wir retten unser eigenes Leben um jeden Preis, sogar um den Preis unserer Brüder, die uns verlassen. Sein eigenes Leben zu retten und nicht den Versuch zu machen, es zu verteidigen … die Aussicht, passiv zu sterben wie Schafe, ohne Bewusstsein unserer tragischen Zersplitterung, unserer Hilflosigkeit.

Wir kriechen nach sechsstündiger Gefangenschaft aus dem Versteck. Es ist acht Uhr abends. Alles sieht aus wie nach einer Katastrophe. Das Eigentum der Mieter ist über den Hof verstreut. Zerschlagene Schlösser liegen zu unseren Füßen, alles ist von unten nach oben gekehrt, liegt da wie Kraut und Rüben, zerbrochen. Alle Türen stehen weit offen. Das Haus ist nicht wiederzuerkennen. Alles ist weit verstreut, viele Sachen sind zerstört. Eine Schnapsflasche liegt zerdeppert mitten im Raum. Die Bündel sind mit Messern aufgeschlitzt. Ich gehe hinaus auf die Straße. Es ist dunkel. Die Straße ist erfüllt von der Tragödie, die sich hier gerade abgespielt hat. Auf dem Bürgersteig liegen Bündel, eine blutige Erinnerung an die Menschen, die gerade zu ihrem Tod weggeschleppt worden sind. Ich betrete den Hof, wo meine Cousinen leben. Ich bemerke zwei große helle Fenster. Ich schaue hinein. Ein Haus nach einem Pogrom. Das Licht brennt, und niemand ist zu sehen. Es ist so schrecklich. Ich betrete das Haus meines Onkels. Es ist dunkel. Ich trete auf Sachen. Es ist still. Eine Uhr schlägt verlassen. Niemand ist hier.

Ich gehe nach Hause zurück. Verängstigte Leute kriechen aus den Ecken. Auch sie sind gerettet.

Mitten in der Nacht kommen die Inhaber gelber Ausweise zurück. Wie schrecklich ist das Morgengrauen. Etwa 5000 Personen sind gestern Abend gewaltsam weggeschleppt worden. Sie wurden zum Lukishki-Gefängnis gebracht.[28]

Das Ghetto ist erfüllt von Klagen. Schluchzende, niedergeschlagene Leute. Einer hat den Vater, ein anderer die Mutter, ein Dritter ein Kind [verloren]. Familien sind auseinandergerissen. Einer ist weggelaufen, um sein Leben zu retten, ein zweiter wurde gewaltsam fortgebracht. Ich renne zu Benkye Nayer. Er ist nicht zu finden! So viele junge Leben sind hinweggerafft. Ich habe so einen guten Freund verloren. Ich denke dauernd an diesen feinen Kerl. Wir vermissen ihn jetzt, Benkye Nayer. Im Ghetto machte er sich dauernd über unsere gegenwärtige Lage Gedanken. Er

28 Gefängnis im Zentrum von Wilna unter Kontrolle der Gestapo und der litauischen Sicherheitspolizei Sagaumas.

Das Lukishki-Gefängnis, Luftaufnahme von 1929
Aus: Herman Kruk: The Last Days of the Jerusalem of Lithuania, New Haven 2002

sagte: „Ich gehe nicht nach Ponar.“ Aber offenbar ging er am Ende doch dorthin. Ich werde mich immer an dich erinnern, Benkye! Wir werden dein Blut rächen.

Auf der Straße traf ich Gabik. Wir gingen zur Lehrerin Mire. Auch hier gibt es eine frische Wunde. Die Eltern der Lehrerin Mire sind fortgebracht worden.

Mein Onkel und meine Cousinen kamen aus einem Versteck. Sie sprangen über die Dächer. Man hat auf sie geschossen. Sie flohen auf den Dachboden eines Nichtjuden und entkamen. Sie sind völlig mit Kohle beschmiert. Leute beginnen einander wiederzufinden. Wir erfahren laufend von neuem Unglück.

Mehrere Tage sind vergangen. Die Wunde blutet noch. Einige der Weggebrachten wurden ins zweite Ghetto verbracht. Die meisten in das Lukishki, und von dort nach Ponar. Ponar … das mit Blut geschriebene Wort mit einer Wunde. Ponar … das große Grab. Die bewaldete Region um die Pohulanke,[29] ein Schlachthaus für Tausende Juden. Das Gebiet von Ponar ist vollgesaugt mit jüdischem Blut. Ponar ist ein Albtraum, ein Albtraum, der den grauen Ablauf unserer Ghettotage begleitet. Ponar ist passiver Tod, das Wort enthält die Tragödie unserer Hilflosigkeit. Nein! Wir werden nicht nach Ponar gehen. Wir leben im Ghetto als Inhaber weißer Ausweise. Die Stimmung des Abschlachtens ist noch nicht verschwunden. Was geschehen ist, wird bald wiederholt werden. Unterdessen ist das Leben so schwierig. Die Inhaber weißer Ausweise gehen nicht hinaus zur Arbeit. Alles im Ghetto ist sehr teuer. Gegen Abend laufe ich durch das Ghetto. Vom Tor kommen die Inhaber gelber Ausweise mit Bündeln. Ich sehe sie neidvoll an. Plötzlich entsteht Chaos. Man hört Leute schreien: „Wir wollen, wir wollen auch essen!“ Die Leute, die da gehen, die schreien, reißen den neu Ankommenden die Bündel weg. Ich sehe eine Person mit hungrigen Augen einen Beutel mit Kartoffeln auf der Schulter [eines Arbeiters] aufschneiden. Kartoffeln werden auf der Straße verstreut. Wir wollen auch essen. Es entsteht Chaos. Polizisten schlagen, jagen Leute. Die Dinge beruhigen sich. Nachts schlafen die Leute meistens im Versteck. Wir haben solche Angst, uns auszuziehen, uns ins

29 Eine Straße auf dem Weg nach Ponar.

Bett zu legen. Es ist kalt im Versteck, man liegt dort hart. Mäuse piepsen herum. Es gibt „Aristokraten“ im Versteck, die es schaffen, sich hier einen weichen Schlafplatz zu bereiten. Mutter ging zu einem Arbeitstrupp. Vielleicht wird es möglich sein, dort einen gelben Ausweis zu bekommen.

In der Zwischenzeit wurde am Abend ein Befehl herausgegeben, dass alle Inhaber weißer Ausweise sich sofort ins zweite Ghetto begeben müssen, das ihnen zugewiesen ist. Nun muss unsere Straße, die Shavler Straße, umziehen. Wir meinen, dass man nicht ins zweite Ghetto gehen sollte. Inzwischen packen wir wieder Bündel, die während der Unruhen immer weniger werden. Unser Hof ist voll von Leuten mit Bündeln. Die Polizisten drängen uns, schneller zu gehen. Die verängstigten Menschen fühlen, dass sie nicht dorthin gehen sollten. Ich spürte die Hinterlist der Vernichter. Aber die jüdische Polizei steht daneben und achtet darauf, dass wir gehen, denn Murer[30] hat ihnen zugesichert, dass es im Ghetto einen Judenrat geben wird, und die Masse glaubt es und geht blindlings.

Wir machen uns mit den Bündeln auf den Weg. Aber ich rufe Vater zu, dass wir uns gewaltsam den Weg durch die Polizisten auf der Shpitalne Straße bahnen sollten, weil Mutter nicht wissen wird, wo wir sind. Wir drängen uns zur Shpitalne Straße durch zu Bekannten. Der Onkel ging weg zum zweiten Ghetto. Gegen Abend kam Mutter mit leeren Händen zurück. Wir fühlen uns unwohl, wir haben nicht genug Schlaf

30 Franz Murer, geb. 1912 in St. Georgen, gest. 1994 in Leoben, war Adjutant des deutschen Gebietskommissars Hans Christian Hingst und ab August 1941 als „Referent zur besonderen Verwendung“ zuständig für „jüdische Angelegenheiten“ (Dieckmann, Deutsche Besatzungspolitik in Litauen, S. 969). Im Juli 1943 übernahm SS-Unterscharführer Bruno Kittel seine Position. Murer, einer der Hauptverantwortlichen für die Ermordung der Wilnaer Juden, wurde 1947 in seinem Heimatland Österreich festgenommen und im folgenden Jahr an die Sowjetunion überstellt. Dort wurde er vom litauischen Militärtribunal zu 25 Jahren Zwangsarbeit verurteilt, aber 1955 an Österreich übergeben. In Österreich wurde erst 1962 nach einer Initiative Simon Wiesenthals ein Verfahren gegen ihn eröffnet, das am 19. Juni 1963 mit einem Freispruch durch das Landgericht Graz endete. Trotz einer Nichtigkeitsbeschwerde der Staatsanwaltschaft gegen den Freispruch wurde das Verfahren 1974 vom Landesgericht Graz endgültig eingestellt. Über Murer informiert das Buch Johannes Sachslehner, Rosen für den Mörder. Die zwei Leben des SS-Mannes Franz Murer, Wien 2017.

gehabt. Wir wissen nicht, was wir weiter tun sollen. Die Leute im Zimmer haben gelbe Ausweise. Ich blicke neidisch auf ihre [---] Ruhe, auf ihr sicheres Leben. In diesem Haus lebt auch ein Polizist. Er gibt damit an, dass es der jüdischen Polizei gelungen ist, in drei Stunden etwa 600 Familien umzusiedeln. Murer ist zufrieden. Auf diese Weise ist das Ghetto sicher gemacht worden.

Am nächsten Morgen brechen wieder Leute zum zweiten Ghetto auf. Mutter geht zum Arbeitstrupp. Während des Tages wurde die Bewegung zum zweiten Ghetto angehalten. Das Spiel in jenem Ghetto hat angefangen. Das zweite Ghetto ist wieder zur Falle für die blinden Massen von Juden geworden; mir geht der Onkel nicht aus dem Sinn, der dorthin gegangen ist. Die ganze Zeit über waren wir zusammen, und plötzlich sind wir getrennt. Wir haben uns nicht einmal verabschiedet. Wir bogen nach rechts ab, er nach links, in die Falle. Gegen Abend kommt Mutter wieder mit leeren Händen zurück. Sie berichtet uns, dass die Aktivitäten im Ghetto ohne Pause weitergehen.

Am nächsten Tag sah ich Kasrilke Krauzes[31] Bruder. Er ist allein zurückgeblieben. Seine Mutter, die Schwester und Kasrilke selbst sind ins zweite Ghetto gegangen. Er ist hier völlig allein geblieben. Er weiß nicht, was er tun soll. Er hat weder Wertgegenstände noch Geld. In [---] habe ich Mutter getroffen. Sie brachte einen gelben Ausweis mit, der das Lebensrecht gewährt. Und ich wechselte hinüber in die Gruppe der mehr oder weniger ruhigen Leute mit den gelben Ausweisen. Wir erhielten einen Brief vom Onkel aus dem zweiten Ghetto. Sie sitzen dort in einem Versteck. Die Liquidierung jenes Ghettos geht ungebrochen weiter. Hier im Ghetto gestalten sich die Dinge beunruhigend. Jeden Tag sieht man kleine Gruppen von Leuten, die mit Bündeln aus dem Ghetto davonlaufen. Sie rennen, wohin immer ihre Füße sie tragen, nach Weißrussland, zu den Dörfern, zu den Nichtjuden. Tagesanbruch. Die Inhaber gelber Ausweise verlassen das Ghetto zusammen mit ihren Familien. Bald senkt sich Totenstille auf die Gassen nieder. Leute fliehen in die Verstecke. Wir nehmen kleine Bündel und schließen uns dem Strom der Glücklichen an, die das Ghetto verlassen. Wir werden von unseren Cousinen begleitet,

31 Kasrilke Krauze war ein Nachbar der Rudashevskis.

die mit uns registriert sind. Der Tag ist wolkenverhangen, trüb. Nasser Schnee fällt. Es wird lange dauern, bis wir das Tor erreichen, denn dort gibt es eine strenge Kontrolle. Die Leute um uns herum weinen. Sie verabschieden sich von ihren Verwandten, die hier im Ghetto in Verstecken bleiben. Wir erfahren, dass alte Leute, die als Eltern registriert sind, nicht durch das Tor durchgelassen werden. Großmutter kann nicht mit uns gehen.[32] Wir sind verzweifelt. Leute werden nicht mehr in das Versteck im Hof gelassen. Man hat sich darin fest eingeschlossen. Was kann man tun? Mittlerweile begann der Strom der Leute zu schwanken. Unser Trupp geht durch das Tor. Der Strom der Leute hat uns fortgerissen. Wir verabschieden uns schnell von Großmutter – für immer. Wir lassen sie mitten auf der Straße allein und rennen fort, um uns zu retten. Ich werde nie die beiden flehend erhobenen Hände und die Augen vergessen, die baten: „Nehmt mich mit!" Wir verließen das Ghetto. Wir haben es leer gemacht, um den wilden Litauern zu ermöglichen, in die wehrlosen Gassen einzubrechen. Wir gehen zum Tor, eine zusammengedrängte Masse speziell ausgewählter Leute, die von ihren nächsten Verwandten davonlaufen und sie Gottes Gnade überlassen. Deutsche Offiziere stehen auf beiden Seiten des Lavastroms. Sie jagen uns und treiben uns an. An der Sperre ist der Kontrollpunkt. Verschiedene ältere Leute werden in das benachbarte bewachte Torgebäude geworfen. Wir drängen uns rasch durch. Unsere Ausweise werden kontrolliert. Die litauischen Offiziere treiben uns zum Tor voran. Sie heben ihre Gummiknüppel hoch. Sie treiben die ausgewählten Leute ins Leben …

Wir sind bereits auf der Straße. Wir sehen die Vollstrecker. Unsere Herzen pochen. Litauische Einheiten umstellen das Ghetto. Sehr bald werden sie hineinschlüpfen. Sie lassen uns gehen, wohin wir wollen: entweder zu den Trupps oder ins zweite Ghetto. Die Straßen füllen sich mit kleinen Gruppen von Juden wie Herden, die sich verirrt haben. Wir gehen mitten auf der Straße. Autos rasen vorbei und bespritzen uns mit Schlamm. Mutter und ich gehen zum Trupp „Schneiderstube"[33]. Wir

32 Die Eltern der Besitzer „gelber" Scheine waren durch diese nicht geschützt.

33 Deutscher Betrieb, in dem viele Juden arbeiteten. Die „Schneiderstube" wurde von den Juden als „guter" Arbeitsplatz angesehen.

saßen dort den ganzen Tag. Ich sitze da, blicke auf die satten, zufriedenen Deutschen, die weiter hin und her gehen. Ich blicke auf die drangsalierten jüdischen Arbeiter, die auf Verwandte warten, die sie im Ghetto zurückgelassen haben. Den deutschen Gendarmen wird Geld angeboten, um die Brüder, Schwestern und Eltern der Arbeiter zu retten, die dageblieben sind. Am Abend gehen wir zum zweiten Ghetto. Wir treffen den Onkel. Mehr als eine Woche lang blieb er im zweiten Ghetto im Versteck in einem kleinen Raum, der durch einen Schrank unzugänglich gemacht war. Wir liegen auf den Stühlen in dem Haus, wo der Onkel lebt. Wir sind verfroren und erschöpft. Mutter weint. Wir können nicht vergessen, dass wir Großmutter im Stich gelassen haben. Unsere Herzen sind schwer, als wir uns hinlegen, um an dem neuen Ort zu schlafen.

Die Gassen im zweiten Ghetto sind voll von Leuten. Sie tauschen sich über die neuesten Nachrichten aus dem ersten Ghetto aus. Sie erzählen von einer schrecklichen „Aktion", bei der viele Verstecke entdeckt wurden. Hunderte von Leuten wurden aus diesem Ghetto ins Lukishki gezerrt. Unterdessen macht Vajskop[34], der Chef der Schneiderstube, Geschäfte. Für große Summen geht er mit den deutschen Gendarmen los, um Leute aus dem Gefängnis zu retten.

Ich gehe in den Gassen des zweiten Ghettos umher, den Gassen des alten Wilnaer Ghettos. Niemals hat sich so viel Verwüstung, Verzweiflung in sie ergossen wie jetzt. Der Hof der alten Synagoge sieht wie von einem Pogrom verwüstet aus. Gebetsriemen, religiöse Bücher, Lumpen sind unter unseren Füßen verstreut. Alles im zweiten Ghetto ist demoliert, zerbrochen und verlassen. Alles ist von der Verzweiflung derer durchdrungen, die von hier weggezerrt worden sind. Das Wort Ponar schwebt durch die alten Ghettostraßen. Nachdem wir uns drei Tage lang im zweiten Ghetto aufgehalten haben, kehren wir zum Tor des ersten zurück. Wir werden nicht kontrolliert. Im Ghetto herrscht

34 Der Schneider Vajskop leitete die „Schneiderstube". Er gehörte zu den einflussreichen Persönlichkeiten im Ghetto. Durch seine Verbindungen zu den Deutschen gelang es ihm, viele Juden aus dem Gefängnis zu befreien. Im Juni 1943 wurde er von den Deutschen erschossen.

Verwüstung. Umgeworfene Türen, herausgerissene Böden. Wir kommen nach Hause. Alles ist verlottert. Aus den Verstecken kommen Leute wie Leichen heraus. Blass, schmutzig, mit schwarzen Ringen unter den Augen. Drei Tage lang haben Leute festgekeilt in Löchern und Kellern gelegen. Großmutter ist nicht da. Das Haus füllt sich mit Weinen und Schreien. Ich renne aus dem Haus. Ich laufe durch die Gassen. Ein Gefühl von Schmerz, von Verbitterung brennt in mir. Ich empfinde, dass wir wie Schafe sind. Wir werden zu Tausenden abgeschlachtet, und wir sind hilflos. Der Feind ist stark und listig, er vernichtet uns planvoll, und wir sind entmutigt.

Die Juden müssen in Häuserblocks leben, entsprechend den Arbeitstrupps, in denen sie arbeiten. Auch wir müssen in den Block umziehen. Das Leben hat allmählich begonnen, „zur Normalität zurückzukehren". Die Handvoll überlebender Juden hat angefangen, sich an die neuen Bedingungen zu gewöhnen. Meine Eltern arbeiten, und ich bin das „Hausmädchen" geworden. Ich habe gelernt zu kochen und den Boden zu wischen, und damit verbringe ich meine Tage. Am Abend treffe ich meine Eltern. Gruppen jüdischer Arbeiter kehren verbittert aus der Stadt zurück. Graue Massen strömen weiterhin zum Tor, unbezahlte Arbeit für die Ausbeuter.

Es ist verboten, Lebensmittel aus der Stadt durch das Tor zu transportieren. Die jüdischen Arbeiter finden einen Weg und schmuggeln das Lebensnotwendige versteckt unter ihren Sachen. Sie werden am Tor durchsucht, und was immer gefunden wird, wird weggenommen. Diese ehrenwerte Aufgabe wird derzeit von der jüdischen Polizei ausgeführt. Der Winter nähert sich mit seinen neuen täglichen Sorgen: warme Kleidung, Brennholz. Mit dem Winter erschienen neue Ausweise. Die rosafarbenen Familienausweise, die nur Familienmitglieder der Inhaber gelber Ausweise erhielten. Wieder entstand Unruhe. Und Ende Dezember wurde eine neue Razzia in Gang gesetzt, die einige Hundert weitere Menschen hinwegzerrte.

Ein frostiger Tag. Es ist uns nicht erlaubt, durch die Straßen zu laufen. Litauer gehen durch die Häuser und nehmen diejenigen mit, die keine rosafarbenen Ausweise haben. Wir sitzen im Haus und sehen durch die Fenster, wie Leute zum Tod geführt werden.

Danach wurde es wieder ruhig. Ein harter Winter hat sich auf uns herabgesenkt. Beim Morgengrauen gehe ich hinaus zu den Warteschlangen. Es ist noch dunkel. Die Gassen sind taub vor Kälte. Die Morgendämmerung ist noch nicht angebrochen, und schon sieht man an den Mauern den Schattenriss von Leuten.

Ich verbringe den Tag mit Hausarbeit.

Gegen Abend gehe ich hinaus, um meine Eltern zu treffen. Es ist schon dunkel. Bedeckt mit Schnee, klamm vor Kälte, kommen die jüdischen Arbeiter an. Traurig schwingt die Laterne am Ghettotor und beleuchtet die fallenden Schneeflocken, den Litauer in seinem Pelzmantel, der die jüdischen Arbeiter kontrolliert. Ich gehe durch die Ghettostraßen. Die Leute laufen schnell, es ist kalt. „Eine Kerze, wer will eine Kerze?" Ein Junge rennt durch die Straße, vor Kälte zitternd. Alles ist so traurig im Ghetto. Wie viel Trübsinn der Ghettotag enthält. Ich sehe keinen von meinen Kameraden. Die graue Ghettoroutine hat uns auseinandergebracht.

Den einzigen Trost bieten jetzt die letzten Nachrichten von der Front. Wir leiden hier, aber dort, weit im Osten, hat die Rote Armee eine Offensive begonnen. Die Sowjets haben Rostow[35] besetzt, haben von Moskau aus einen Schlag ausgeteilt und marschieren voran. Und immer scheint es so, als würde die Freiheit jeden Moment folgen.

35 Rostow am Don wurde im November 1941 von der Wehrmacht besetzt, die schwere Verwüstungen anrichtete und sowjetische Kriegsgefangene ermordete. Doch gelang der Roten Armee bereits einige Tage später die Rückeroberung der Stadt. Allerdings wurde Rostow im Juli 1942 erneut von den Deutschen besetzt. Am 11./12. August ermordete das Sonderkommando 10a der Einsatzgruppe D in der Nähe der Stadt etwa 27 000 Menschen, darunter 15 000 bis 18 000 Juden – die größte Massenmord-Aktion im russischen Teil der besetzten Gebiete der Sowjetunion. Christina Winkler, The Holocaust in Rostov-on-Don – a little known chapter of the Holocaust, in: Holocaust and Genocide Studies 30 (2016) 1, S. 105–130.

Straße im Ghetto

Ghetto Fighters' House Museum, Israel, Photo Archive, No. 5955

1942

[Montag,] 23. März [1942]

Plötzlich eine Serie von Bombenexplosionen, die mehrere Stunden dauert. Ich stehe im Keller und höre die Explosionen und denke, dass das unsere sowjetischen Piloten sind. Für einige Stunden schleuderten sie Bomben auf die Stadt und flogen weg. In der Stadt richteten sie ein Chaos in den litauischen Kasernen an. So kündigten sie an, dass sie stark sind und zurückkehren werden.

Wie schrecklich die Ghettostraßen unter dem bewölkten Himmel aussehen, der hin und wieder in grellem Rot aufleuchtet.

Samstag, 12. [September] [1942]

Heute ist Feiertag. Das jüdische Neujahr, Rosh ha-Schana. Es ist ein kühler Tag wie letzthin alle anderen Tage. Der Himmel ist klar. Am Morgen gehe ich hinunter auf die Straße. Ein Feiertagsgeist, der alles andere als fröhlich ist, verbreitet sich über einige Ghettogassen. Irgendwie fehlt etwas. Ich werde an die Vergangenheit erinnert. Von irgendwoher hört man das Geräusch lauten, schnellen Betens. Hier und da kommen jüdische Frauen mit festlichen Kopftüchern vorbei, mit Gebetbüchern unter dem Arm. Ich erinnere mich an Großmutter, wie sie einmal im Jahr auch so zur Synagoge zu gehen pflegte. Am widerwärtigen Ghettotor[36] in der Nähe der Wache hängt ein großes Plakat: ein Neujahrsgruß. Die Wache wünscht uns ein glückliches Neues Jahr. Der von Stacheldraht gesäumte Neujahrsgruß am Tor, der die Unterschrift der Wache trägt, machte auf mich einen seltsamen Eindruck. Sie wünschen uns ein gutes Neues Jahr

36 Das hölzerne Ghettotor wurde in der Rudnitski Straße errichtet. Durch dieses Tor gingen die Ghettobewohner zur Arbeit außerhalb des Ghettos und passierten es erneut bei ihrer Rückkehr. Es wurde von außen durch Litauer bewacht, von innen durch Angehörige der jüdischen Ghetto-Polizei.

auf dem Banner des Ghettotors, das das dunkle und quälende Ghettoleben symbolisiert. Und wer wünscht uns das? Tatsächlich, diejenigen, die – wenn auch nicht aus eigenem Willen – genau die Leute waren, die eingesetzt wurden, uns zu bewachen und uns von der Freiheit fernzuhalten. Doch lasst uns annehmen, dass wir durch dieses Tor in die Freiheit zurückkehren werden.

Es herrscht Zwielicht. Ich gehe hinaus auf die Straße. Die Straßen sind belebt. Leute laufen gut angezogen herum. Heute ist Feiertag. Das ist in jedem Haus, das man betritt, ersichtlich: Die Armut ist hinweggescheuert worden. Früher hätte mir das keinen Eindruck gemacht. Jetzt jedoch fühle ich mich seltsam gut, weil der graue Alltag so sehr ein wenig Feiertagsgeist braucht, der für eine Weile die graue Alltäglichkeit des Lebens vertreiben soll. Leute laufen bis spät auf den Wilnaer Ghettogassen herum. Eine seltsam traurige Feiertagsstimmung. Und jetzt lichtet sich die Menge immer mehr. Ein kalter sternenklarer Himmel über den Köpfen. Ab und zu fliegt ein Stern auf seinem silbernen Weg durch das Firmament und fällt plötzlich herab.

Sonntag, 13. [September] [1942]

Die vierte Nummer der *Ghettonachrichten*[37] ist erschienen – eine Neujahrsnummer. Zuerst richten sie Neujahrswünsche an den lieben Gens[38] und die anderen da. Ziemlich interessant ist ein Interview mit Gens. Der Winter naht. Leute im Ghetto sind besorgt wegen Unterkünften, Kleidung. Gens spricht auch über die Vergangenheit des Ghettos. Was am meisten schmerzt, wird natürlich nicht berührt; man kann dazu keine

37 Die offizielle Wochenzeitung des Ghettos wurde von Dr. Tsemakh Feldshteyn herausgegeben. Sie erschien jeden Sonntag. Die Zeitung wurde mit der Schreibmaschine vervielfältigt und als Wandzeitung ausgehängt.

38 Yankev (Jacob) Gens, geb. 1905, war vor dem Krieg Offizier der litauischen Armee und später Beamter im Gefängnis von Kowno. Gens war Zionist und stand den Revisionisten nahe. Er wurde nach der Besetzung Wilnas durch die Deutschen zum Leiter des jüdischen Krankenhauses ernannt. Anfang September 1941 beauftragte ihn der Vorsitzende des Judenrats Anatol Frid, die jüdische Polizei im Ghetto zu organisieren und zu leiten. Am 11. Juli 1942 wurde er zum Ghettovorsteher ernannt. Am 14. September 1943, zehn Tage vor der Liquidierung des Ghettos, wurde er von der Gestapo erschossen.

Jüdische und litauische Polizeiwache am Ghettoeingang
United States Holocaust Memorial Museum, courtesy of William Begell Photograph Number: 64118

Jacob Gens, Chef der jüdischen Polizei und Vorsteher des Ghettos Wilna
Yad Vashem Photo Archives, Borowicz Collection 3380/137a

Frage stellen, noch irgendwelche Antworten erhalten. [Ihm zufolge] stellte das Ghetto bis zum Frühjahr ein Chaos dar. Nun hat sich das Ghetto die Zusammenfassung aller arbeitenden Kräfte zum Ziel gesetzt, weil wir unsere Existenz allein unserer Arbeit verdanken. Seit dem Frühjahr geht intensive Arbeit auch im Ghetto selbst vor sich. Viele Institutionen sind gegründet und verbessert worden. Unser Kommandant hofft und ist sicher, dass wir glückliche Zeiten erleben werden.

Im Haus hatten wir ein bisschen Spaß. Die Arbeiter in unserem Haus gehören zur berühmten „Schneiderstube“. Mutter arbeitet dort auch. Die Arbeiter erzählen von den Ereignissen der ganzen Woche; wie jüdische Schneider sich mit den Deutschen verständigen und ein bisschen Verpflegung von ihnen bekommen. Die Arbeiter erzählen vom Leben dort. Du schuftest, aber gleichzeitig musst du nach einem Bissen Brot jagen. Verdiene, handle, tausche etwas mit einem Bauern, mach ein Geschäft mit einem Stofflappen. All das läuft nur so lange, bis ein Deutscher erscheint. Dann zerstreuen sich die Leute sofort in alle Richtungen. Aber die Leute lassen sich auch von dem Deutschen nicht beeindrucken. Wenn sie auf einen deutschen Dummkopf treffen, der eine Mütze möchte, machen sich die Burschen einen Spaß mit ihm. Sie holen einen Juden und präsentieren ihn als den besten *Mützenmacher Polens*[39]. Der Deutsche glaubt es. Dann erzählen sie ihm, dass dieser sorgfältig arbeitende Jude nur dann schöne Mützen machen kann, wenn er ein bisschen zu essen erhält. Er ist überredet. Er nimmt Material, das für drei Hüte ausreichen würde, heraus und gibt es ihnen. Und sie sagen ihm, dass das nichts ist. Wenn die Zeit für die Abholung da ist, wird ihm einfach gesagt: „Hören Sie mal, haben Sie Zigaretten? Wenn Sie uns Zigaretten geben, werden Sie ‚eine wunderbare Mütze‘ bekommen.“ Schließlich machen sie ihm einen Hut, der auf ihm wie ein Eierkuchen aussieht, und er ruft bei dem Handel aus: *„Juden sind fähige Leute!“*[40] Sie fügen einen Segen hinzu: „mitn rosh in adome“,[41] und er antwortet: „Vielen Dank“,

39 Im Original Deutsch, mit hebräischen Buchstaben geschrieben.

40 Im Original Deutsch, mit hebräischen Buchstaben geschrieben.

41 Jiddisch: mit dem Kopf in die Erde.

und sie rufen ihm nach: „Ein Name nach dir."[42] Und er ist auch begeistert von seiner „Mütze". So arbeiten unsere Schneider. Manchmal sieht es hier aus wie ein jüdischer Basar, sagen die Arbeiter. Sie kommen gut mit den Deutschen zurecht. „Yankl", ruft ein Schneider dem andern zu, „nimm bei diesem Herrn Maß für ‚takhririm'"[43] oder „nimm ihn bitte zu den ‚taare bret'[44], beeil dich. „Mach dieser deutschen Frau ein schönes ‚rekele' (das soll heißen ‚einen Rock')."[45] Die jüdischen Sticker machen Monogramme. Das Ornament besteht aus vier jüdischen Buchstaben: „g" – ein „gzeyre", „ts"– eine „tsore", „s"– eine „sreyfe", „k" – „kapore".[46] Die Wahrheit ist, dass all diese Geschichten bloß Wunschdenken sind. In Wirklichkeit haben die Leute Angst vor dem Deutschen. Aber wenn es möglich ist, ihn zu verfluchen, ihm einen Streich zu spielen, tun sie es, wann immer sie können.

Montag, 14. [September] [1942]

Heute erfuhren wir, dass der Unterrichtsbeginn wieder um eine Woche verschoben worden ist. Viele Lehrer sind in die Waldlager gefahren.[47] Das ist sehr schade. Ich sehne mich nach Unterricht, der uns im Ghetto Kraft gibt. Ohne ihn werden wir fauler und nachlässiger.

42 Gemeint ist: „Mögen Sie sterben, sodass man jemandem Ihren Namen geben kann." Nach jüdischer Sitte werden Neugeborene häufig nach Verwandten benannt, aber nur, wenn diese bereits verstorben sind.

43 Leichentücher.

44 Das Brett, auf das nach dem jüdischen Ritual Leichen zur Waschung vor der Beerdigung gelegt werden.

45 „rekele" kann „kleiner Rock", d. h. Weste, bedeuten, aber auch „kleines Karzinom" (polnisch „rak").

46 gzeyre – ein böser Erlass; tsore – Heimsuchung; sreyfe – Feuer; „ kapore" – Federvieh, das in den Bußzeremonien vor Jom Kippur den Sündenbock repräsentiert.

47 Jüdische Arbeitskräfte verbrachten seit dem Sommer 1942 ein bis zwei Wochen in Waldlagern außerhalb Wilnas, um Holz zu schlagen. Auch Lehrer wurden dazu herangezogen. Ein Teil des Holzes konnte ins Ghetto gebracht werden, wodurch die Versorgung mit Brennholz erheblich verbessert wurde. Dieckmann, Deutsche Besatzungspolitik in Litauen, S. 1140.

Mittwoch, 16. [September] [1942]
Ich habe eine leichte Erkältung mit einem Katarrh. Ich sitze zu Hause. In den Straßen fällt leichter Regen. Ich bin niedergeschlagen. Es gibt nichts zu tun. Der regnerische, kalte Herbst ist eingetroffen.

Donnerstag, 17. September [1942]
Es wird immer kälter. Wie trostlos und bedrückt das Ghetto aussieht. Ein kalter Regen peitscht durch die engen Gassen. Man wird traurig und gelangweilt in den langen Stunden, die man an einem Ort herumhängt. Wegen einer Epidemie gehen wir nicht zur Schule. Es ist eine schreckliche Zeit, wenn man sich nicht an irgendeine Arbeit machen kann und Tage an nichts verschwendet. Gegen Abend, wenn Leute von der Arbeit zurückkommen, setzen sie sich nieder in ihren beengten Vierteln und erzählen einander Neuigkeiten – politische und Ghetto-Neuigkeiten. Sie erzählen, dass hier und da Leute heimlich Radio gehört haben, und andere solche Dinge.

Der Sommer ist vorbei. Während des Sommers rechneten die Leute mit deutschen Erfolgen. Der Krieg im Osten vom Jahresbeginn 1942 bis jetzt war in zwei Hauptperioden geteilt: den Winter und das Frühjahr, als alle auf eine große sowjetische Winteroffensive hofften. Die Sowjets haben im Verlauf des Winters schon eine Menge erreicht, indem sie die deutsche angreifende Armee in die Defensive drängten und sie aus vielen Stellungen vertrieben. Der Winter zeigte uns viel, entschied aber nichts. Im Sommer begann die deutsche Offensive. Nur im Süden ist es den Deutschen gelungen anzugreifen. An der mittleren und nördlichen Front setzen die Sowjets ihre Angriffe fort und haben die Initiative in der Hand. Im Süden, wohin die Deutschen enorme Kräfte geworfen haben, ist die ganze Krim besetzt worden, und sie haben die sowjetische Basis, den Hafen von Sewastopol, eingenommen. Der sowjetische Angriff auf Charkow scheiterte auch. In der Ukraine haben die Deutschen Erfolge gehabt. Sie drangen sehr weit vor mit dem Ziel, das Zentrum vom Kaukasus abzuschneiden. Die deutschen Armeeeinheiten haben die Berge des Kaukasus erreicht, nachdem sie Lugansk, Noworossijsk und andere Städte besetzt hatten. Es ist unmöglich, weiter vorzugehen. Die Deutschen führen jetzt einen gewaltigen Angriff auf Stalingrad

(Tsaritsyn[48]) aus. Stalingrad hat für beide Seiten enorme Bedeutung. Wenn sie Stalingrad besetzen, trennen sie das Zentrum vom Kaukasus. Wenn sie Stalingrad erobern, erreichen die Deutschen die Wolga und besetzen ihren größten, wichtigsten Hafen. Während die Sowjets die volle Initiative an der mittleren und nördlichen Front haben – in Woronesch, in Rschew, südlich von Ladoga und über die Newa, wird nahe Stalingrad ein ungeheurer Sturmangriff durchgeführt – die Sowjets müssen in Stalingrad in der Defensive sein. Bei Stalingrad finden Schlachten einer gigantischen Größenordnung statt. Beide Gegner haben hier ihre stärksten Kräfte konzentriert. Neben seiner wichtigen strategischen Bedeutung ist Stalingrad für beide Seiten eine Prestigefrage geworden. Die Deutschen wollen ihren Sommerfeldzug mit der Besetzung Stalingrads abschließen, was den deutschen Siegen weiteren Ruhm hinzufügen würde. Die Rote Armee kämpft in den Vororten von Stalingrad mit enormer Hartnäckigkeit und Heroismus. Zehntausende sterben in den gigantischen Schlachten bei Stalingrad. Die Sowjetmenschen verteidigen Stalins Stadt mit Leib und Seele.

Wir, die im Ghetto leben, lesen täglich die Berichte und sind gierig nach guten Nachrichten. Jedermanns Aufmerksamkeit ist jetzt auf Stalingrad gerichtet. Jeder wartet auf etwas Handfestes, auf die endgültige Niederlage der Deutschen. Jeder wartet auf das Ersehnte – auf Frieden, in dem die ermattete Welt sich aufrichten wird.

Freitag, 18. September [1942]

Am Abend erfahren wir von einem Treffen der Brigadiers. Die Brigadiers sind im Ghetto eine Art Kaste, eine Klasse. Die Juden arbeiten außerhalb des Ghettos in Abteilungen in verschiedenen deutschen und städtischen Einrichtungen. Für jede Abteilung ist der Leiter der Abteilung oder Brigadier verantwortlich. Wenn es Neuigkeiten gibt, Befehle der Machthaber, ruft Gens die Brigadiers zusammen. Nachts erfahren wir die Neuigkeiten von dem Treffen. Die Brigadiers versammeln sich im

48 So hieß das heutige Wolgograd bis 1925.

Ghettotheater. Diesmal sprach Levas[49], der Kommandant der Ghettotorwache, natürlich über seine eigenen Angelegenheiten. Er informiert die Versammlung, dass Leute von heute an bis auf Weiteres aufhören sollen, Sachen hereinzubringen. Er verkündet, dass das Schicksal des Ghettos vom Tor abhängt. Levas berichtet, dass die Bewohner des Ghettos und die Polizei sich so werden verhalten müssen, dass nichts hereingebracht wird, doch werde das Ghetto voll versorgt. „Deshalb", schließt Levas, „ordne ich an, dass in den nächsten Tagen nichts transportiert werden soll; Lieferzeit ist 9 Uhr am Abend." Er wiederholte die letzte Aussage dreimal. Es ist unnötig, etwas für die Menschen des Ghettos immer wieder zu wiederholen. Sie verstehen sehr gut. Es bedeutet, dass sie um neun Uhr sogar Ochsen hereinbringen können. Im Allgemeinen ist alles im Ghetto vom Tor abhängig. Kein Erzeugnis darf hereingebracht werden, also steigen die Preise. Gestattet die jüdische Polizei nur für eine Stunde, Sachen hereinzubringen, so wird es überall Lebensmittel geben. Man kann im Ghetto alles in größter Menge bekommen, aber alles ist schrecklich teuer, und nur ein kleiner Prozentsatz schafft es, wie früher zu leben. Der größte Teil des Ghettos lebt bescheiden, und ein sehr großer Teil fristet ein Hungerleider-Dasein.[50] So ein tragisches Bild gibt das Ghetto ab. Der Bruder wurde gezwungen, den Bruder zu schlagen und ihm den Bissen Brot wegzunehmen, den er, von mühevoller Arbeit ermattet, seiner Familie bringt.

Samstag, 19. September [1942]

Es ist kalt und traurig. Wann um alles in der Welt kehren wir zu unserem Unterricht zurück? Als ich zu meinen Unterrichtsstunden ging, wusste ich, wie ich die Tage einteilen sollte, und die Tage würden vorbeifliegen,

49 Meyer Levas, der Kommandant der Torwache, war wegen der Brutalität berüchtigt, mit der er jüdische Arbeiter bestrafte, die versucht hatten, Lebensmittel ins Ghetto zu schmuggeln.

50 Da die von der Wilnaer Stadtverwaltung durchgeführten Lieferungen ins Ghetto völlig unzureichend waren, mussten zusätzliche Lebensmittel und Holz hereingebracht werden. Das wurde am 30. September 1941 vom Gebietskommissar verboten. Fortan mussten Lebensmittel auf allen erdenklichen Wegen ins Ghetto geschmuggelt werden. Dieckmann, Deutsche Besatzungspolitik in Litauen, S. 1113.

und nun schleppen sie sich für mich grau und traurig dahin. Oh, wie eintönig und traurig ist es, im Ghetto eingeschlossen herumzusitzen …

Sonntag, 20. [September] [1942]
Es ist der Vorabend von Jom Kippur. Eine traurige Stimmung erfüllt das Ghetto. Die Leute haben so ein trauriges Hoher-Feiertag-Gefühl. Ich bin jetzt so weit weg von der Religion wie vor der Einrichtung des Ghettos. Trotzdem durchbohrt dieser von Blut und Sorge durchtränkte Feiertag, der im Ghetto gefeiert wird, mein Herz. Am Abend war mir so traurig ums Herz. Die Leute sitzen zu Hause und weinen. Sie erinnern sich an die Vergangenheit … Einander mit Tränen benetzend, wenn sie sich umarmen, wünschen sie einander ein glückliches Neues Jahr. Ich renne hinaus auf die Straße, und da fließt dieselbe Sorge durch die Gassen, das Ghetto ist in Tränen gebadet. Die Herzen, die im Griff des Ghetto-Leids zu Stein geworden sind und keine Zeit gehabt haben, sich auszuweinen, haben an diesem Abend der Klage all ihre Bitterkeit ausgegossen … Der Abend war für mich trostlos und düster traurig.

Montag, 21. [September] [1942]
Der Feiertag ist im Ghetto sichtbar. Es ist still. Der Tag ist sonnig und kühl. Ab und zu kommt ein alter Jude mit einem Gebetsschal vorbei. Eine kleine Karre mit Ziegeln wird in die „befreiten Bezirke“ gefahren. (Der Stadtrat hat dem Ghetto noch ein kleines Gebiet an der Yatkever Straße und der Oshmene Allee zugewiesen.) Gegen Abend gehe ich mit Freunden durch die dunklen Gassen. „Es war genau so eine Nacht“, berichtet einer von ihnen. Ja, vor einem Jahr hatten wir um diese Zeit die schreckliche Jom-Kippur-Nacht. Es wird dunkel. Ein matter Mond wandert zwischen schwarzen Wölkchen und erleuchtet die Turmspitzen der Kirche, die über die schiefen schwarzen Dächer ins Ghetto schaut. Ein Gefühl wie im Traum kommt über uns. „Es war dunkel. Ein unterdrücktes Wispern erfüllte die Straßen. Im Dunkeln wurden die Leute wie Schafe vorangetrieben. Das zusammengerollte Bettzeug glänzte in der Nacht. Leute wurden mit Bajonetten vorwärtsgetrieben in die Dunkelheit. Leute gingen und tappten in der Finsternis umher. Alte Juden stöhnten, weil sie ihren Weg nicht sehen konnten. Mitten in der Nacht schloss sich das

eiserne Tor des Gefängnisses hinter uns." Lange nach dem Signal[51] gingen wir in verschiedene Richtungen nach Hause.

Donnerstag, 24. September [1942]

Ich habe mich mehrere Tage lang nicht wohlgefühlt. Gelegentlich habe ich Fieber. Ich habe einen sehr schlechten Geschmack im Mund. Ich kann nicht essen. Ich friere. Ich bin grenzenlos gelangweilt und angeödet. Einen erheblichen Teil des Tages verbringe ich im Liegen. Das wird wahrscheinlich vorbeigehen.

Glücklicherweise habe ich ein außerordentliches Buch, Kellermanns „Der neunte November".[52] Das Buch hat mich stark beeindruckt. Das Buch ist ein Bild des früheren Weltkriegs. Wir sehen den ganzen Horror des Krieges, der dem menschlichen Leben so einen finsteren Stempel aufdrückt. Der neunte November, das ist der Tag, an dem das deutsche Volk, die erschöpften Frontsoldaten, die rote Fahne der Freiheit erhoben. Der Zorn des Volkes ergoss sich in die ausgehungerten Straßen. Ackermann, der Held des Buches, der dreifach verwundete Frontsoldat in seinem weiten offenen Mantel – wie schön, wie idealistisch erscheint sein Soldatenbild im Licht der Revolution!

Sonntag, 27. [September] [1942]

Heute bin ich mit hohem Fieber wach geworden. Ich fühle mich sehr krank. Ich habe 39°. Wie schlimm ist es, im Ghetto krank zu sein, im engen, muffigen Haus, zwischen den Bündeln. Jetzt fühle ich mich seit einer Woche nicht sehr gut, und heute schließlich kann ich nicht aufstehen. Zu keiner Zeit wollte ich aufstehen, weil ich verstand, was für ein Vergnügen es ist, in unserem „Palast" zu liegen, wo Leute ersticken und in einem winzigen Raum zusammenstoßen.

Der Doktor, der hier war, hat entdeckt, dass ich eine leichte Gelbsucht habe. Er verschrieb verschiedene Medikamente und Diät. Gegen Abend lag ich mit leichtem Fieber im Bett. Ich erfuhr von einem großen

51 Gemeint ist das Signal zur Sperrstunde.

52 Bernhard Kellermanns Roman war 1920 erschienen.

Unglück: Unser geliebter Lehrer Gershteyn[53] ist gestorben. Die schmerzliche Nachricht hat mich wie ein Donnerschlag getroffen. Der Lehrer Gershteyn ist tot. Wie geliebt und kostbar war er für mich in seiner stolzen, reinen Erscheinung! Und während ich nun daliege, spüre ich den enormen Verlust: Wie könnten wir uns unsere liebe Schule, die über die Jahre standhielt und eine neue Generation hervorbrachte, ohne den Lehrer Gershteyn vorstellen! Wie beliebt Lehrer Gershteyn in der Schule war! Wie liebte jeder, der ihn kannte, seine schöne, große Gestalt, die sich so schön vom Hintergrund unseres Gymnasiums abhob! Wie schön, mit welcher Jugendlichkeit pflegte er die Schultreppen hinaufzugehen, mit seinen Radiergummis und seinem Stock in der Hand! Mit welch schöner Majestät pflegte er durch die Schulkorridore zu gehen, durch die Aula! Ein Bild eines jiddischen Autors hing nicht gerade. Lehrer Gershteyn ist sofort da, und mit Zuneigung hängt er das Bild gerade! Mit welcher Zuneigung leuchteten seine schönen Augen angesichts eines jiddischen Worts oder eines jiddischen Lieds! Wie sehr liebte er seine Sprache, sein Volk! Und er war bemüht, seine Liebe, den Nationalstolz, den er vertrat, in uns zu entzünden. Wir sind seine Anhänger. Wenn Gershteyn in die Klasse kam, änderte sich die Stimmung vollkommen. Wie angenehm war seine reine Löwenstimme, die auf herzliche und warmherzige Weise zu rufen pflegte: „Guten Morgen, Kinder! Ich habe neue ‚Waren'." (Er pflegte die Zeitschriften *Grininke Beymelekh* und den *Khaver Kinderfraynt* zu verteilen.)[54] „Gebt mir eure Münzen!" Und er nahm seinen

53 Yankev Gershteyn (1882–1942), Lehrer, Essayist und Musiker. Er gründet und dirigierte Chöre, die sehr populär wurden. Abraham Sutzkever hat ihm mit seinem Gedicht „Auf den Tod von Yankev Gershteyn" ein Denkmal gesetzt. Abraham Sutzkever, Lider Fun Yam Ha-Moves, New York: Farlag Bergen-Belzen 1968, digitalisiert Amherst, Massachusetts: National Yiddisch Book Center, 2009, https://www.yiddishbookcenter.org/collections/yiddish-books/spb-nybc213587/sutzkever-abraham-lider-fun-yam-ha-moves-fun-vilner-geto-vald-un-vander%20%5b17 [17. 5. 2020], S. 30. Ein von Rokhl Sutskever geschaffenes Porträt Gershteyns auf dem Totenbett ist erhalten geblieben. Es wurde in Shmuel Kaczerginski, Khurbn Vilne [Die Zerstörung des jüdischen Wilna], New York 1947, veröffentlicht.

54 *Grininke Beymelekh* (Grüne Bäumchen) war eine vierzehntäglich erscheinende Kinderzeitschrift. *Der Khaver* (Der Kamerad) war eine Monatszeitschrift für Kinder und Jugendliche. Zudem gab es die Monatszeitschrift *Shulfraynt* (Schulfreund), die

großen Geldbeutel heraus, nahm das Geld in Empfang, verteilte die frischen Zeitschriften, und seine Augen strahlten vor Freundlichkeit und Hingabe. Was für schöne Lieder Gershteyn mit uns sang! Sein Lieblingslied war:

> Ich sah jiddische Worte
> Wie kleine Vögel
> Wie schöne Vögel
> Ich sah jiddische Worte
> Wie eine kleine Taube
> Gurrend wie eine Taube …[55]

Gershteyns Chor verlieh unserer Schule zusätzlichen Glanz. Und Gershteyn war nicht nur in der Schule beliebt. Gershteyns Chor war in der ganzen Gemeinde beliebt. Ich erinnere mich, dass wir vor der Besetzung durch die Sowjets Briefe von einer meiner Cousinen aus dem weit entfernten Ural, aus Swerdlowsk bekamen.[56] Im ersten Brief hat man

sich Problemen des Erziehens und Lehrens widmete. Diese in säkularen jüdischen Schulen sehr populären Zeitschriften wurden von Shloyme Bastomski und seiner Frau Malke Khayimson herausgegeben.

55 Der Herausgeber der englischen Ausgabe des Tagebuchs Percy Matenko weist darauf hin, dass Yitskhok diese Verse ungenau wiedergegeben habe. „Ich sah jiddische Wörter wie kleine Feuer / Wie Funken aus dunklem Erz. /Ich empfand jiddische Wörter wie weiße Täubchen, wie weiße Täubchen. / Die Täubchen gurren und gurren in meinem Herzen." Das Gedicht ist 1929 in einer Gesamtausgabe der Werke von Moyshe Kulbak in Wilna erschienen (2. Bd., S. 109).

56 Yitskhoks erheblich ältere Cousine Rosa Rudashevski hatte Avraham Jurer geheiratet und war mit ihm 1932 in die Sowjetunion emigriert. Sie ließen sich in Swerdlowsk im Ural nieder, wo 1934 ihre Tochter Cilia zur Welt kam. Drei Jahre später wurde Avraham Jurer Opfer der stalinistischen „Säuberungen". Rosa zog mit ihrer Tochter 1943 nach Usbekistan und gelangte nach Kriegsende von dort in verschiedene Lager für Displaced Persons in der amerikanischen Zone in Deutschland. Sie gehörten zu den Flüchtlingen, die vergeblich versuchten, mit dem Schiff „Exodus" Palästina zu erreichen. Sie wurden nach Deutschland zurückgebracht und konnten erst nach der Gründung Israels dorthin emigrieren. Informationen auf der Website des US Holocaust Memorial Museums in Washington, D.C., https://collections.ushmm.org/search/catalog/pa1054154 [17. 5. 2020].

sich erkundigt, wie es mit Gershteyns Chor lief. (Meine Cousine sang in Gershteyns Chor.)

Während die Leute im Allgemeinen so grau und alltäglich sind, stellte Gershteyn für jeden etwas einmalig Schönes dar.

Gershteyn war ein Mann mit einem generösen Naturell, der weitreichende Kenntnisse besaß. Zusätzlich zu seinem tiefen Verständnis seines Volkes und seiner Sprache verkörperte Gershteyn säkulare Weisheit.

Aber alles Lebendige ist von uns abgeschnitten. Das Ghetto war tragisch für das jüdische Wilna. Viele Lehrer, Engagierte wurden uns entrissen. Im Ghetto starben der Lehrer Gershon Pludermakher[57], die Lehrerin Khayimson-Bastomski[58] und der Lehrer Gershteyn. Drei alte Lehrer, drei Eichen, in der Stadt Wilna verwurzelt, die ihren Namen so schön schmückten. Der Lehrer Gershteyn hat im Ghetto viel gelitten. Er wurde grauer und grauer, sein Gesicht verdunkelte sich. Er wohnte in einem Klassenraum unseres Gymnasiums. Er konnte kaum mehr die Treppen hinaufsteigen, die er so fröhlich hinaufzugehen pflegte. Er musste auf jeder Stufe stehen bleiben in seinem zerknitterten Mantel, der ihm vermutlich als Kopfkissen diente. Ich erinnere mich, wie ich Gershteyn an einem regnerischen Tag in der Nähe der Schultür sah. Er bat mich, hinaufzugehen und seine Schwester um seine Radiergummis zu bitten. Er fand es schwierig, die Treppen wieder hinaufzugehen. Langsam, vor der Zeit ein alter Mann, pflegte er durch die Straßen des Ghettos zu gehen, aber den Kopf trug er aufrecht wie immer. So litten die Besten von uns im Ghetto. Im Winter brachten ein paar andere Jungen und ich seine Sachen zu einer neuen Behausung. Wir sprachen mit ihm. So lebte er im Ghetto in stillem Leiden zusammen mit seiner Schwester. (Zwei seiner Schwestern waren abgeholt worden.) Gershteyn unterrichtete auch in der Mittelschule des Ghettos. Bis zur letzten Minute tat er seine Pflicht. Das Ghetto war zu schwer für Gershteyn, und er überlebte es nicht. Ich habe

57 Gershon Pludermakher, ein vielseitiger Autor und Pädagoge, war einer der Pioniere des jiddischen Schulwesens in Polen. Er starb am 13. November 1941 im Ghetto Wilna.

58 Malke Khayimson-Bastomski war Lehrerin und Verfasserin von Schulbüchern. Sie schrieb viele Aufsätze zur Methodik und Pädagogik, auch in Zusammenarbeit mit ihrem Ehemann Shloyme Bastomski. Sie starb 1941 im Ghetto.

über unseren Lehrer Gershteyn lange, lange nachgedacht. Er steht mir vor Augen. Er erscheint so schön, so frisch vor mir aus der Mitte unseres grauen, tristen Lebens. Für immer werden wir uns deiner als eines treuen Freundes erinnern, das Bild deiner stolzen Gestalt wird uns an etwas erinnern, das lieb und teuer ist. Was du uns von dir selbst gegeben hast, wird immer in uns blühen.

Montag, 28. [September] [1942]

Heute geht es mir besser. Meine Temperatur ist gefallen. Heute um halb fünf fand Gershteyns Beerdigung statt. Freunde, die dabei waren, erzählen mir, dass er den ganzen Tag unbedeckt dalag, mit seinem schönen Kopf auf einem frischen, weißen Kissen, umgeben von Blumen … Es tat mir sehr weh, dass ich der Beerdigung nicht beiwohnen konnte. Tausende von Leuten folgten ihm zum Friedhof. Die Menge strömte wütend voran: Schüler, Lehrer, Freunde und normale Arbeiter. Die tief erregte Menge lief auf das verhasste Tor zu.[59] Die Menschenmenge tobte nicht, aber es stürmte in jedermanns Herz. Und ich, im Bett liegend, tobte auch, da ich Gershteyn im Geist begleitete und mich zum Tor laufen und zurückgedrängt werden sah. An diesem Punkt tobte etwas in mir, wie es gleichzeitig in den Herzen Hunderter Juden tobte. Aber die Zeiten werden sich ändern. Mit Liedern und Blumen werden wir zu den Gräbern unserer Helden marschieren.

Dienstag, 29. [September] [1942]

Meine Temperatur ist gefallen. Aber ich liege noch. Das Weiße in meinen Augen ist gelb. Der Doktor sagt, es wird bald vorbeigehen.

Mittwoch, 30. [September] [1942]

Ich bin aus dem Bett heraus. Mir geht es gut, aber leider bin ich sehr ausgehungert. Ich darf kein Brot essen, keine Eier, kein Fleisch, nichts Fettes. Ich bin sehr geschwächt und habe ein intensives Verlangen nach Nahrung. Das ist ein gutes Zeichen.

59 Der jüdische Friedhof befand sich außerhalb des Ghettos. Nur der Fahrer mit dem Sarg, nicht aber die Trauergemeinde durfte das Tor passieren.

Freitag, 2. Oktober [1942]

Ich bin jetzt fast gesund. Ich laufe auf der Straße herum. Da neue Bezirke, die an unsere Disner Allee grenzen, unserem Ghetto hinzugefügt worden sind und da unsere Gasse voller Ruinen ist, die sich durch die ganze Yatkever Straße ziehen, werden diese Ruinen abgerissen. Den ganzen Tag lang schlagen sie mit Hämmern. Ein Seil wird um einen Teil einer Ruine gewunden, und mit einem Krachen wie eine Bombe bricht das Stück Wand zusammen. Nun stehen zerstörte Wände herum. Tagsüber kann man den blauen Himmel sehen und nachts die Sterne durch die schwarzen Löcher, die als Fenster dienten. Seltsame Gefühle überkommen mich, als ich die schwarzen Ruinen erblicke, die von dem blutigen Sturm zertrümmert worden sind, der durch unser Ghetto zu fegen pflegte. Wie viel Tragödie und Qual spiegeln sich in jedem zertrümmerten Ziegel, in jedem dunklen Riss, in jedem bisschen Putz mit einem Stück Tapete. Hier sind die Mörder, die Litauer, wie Tiere eingebrochen mit Äxten und mit Stemmeisen und haben ihre Beute gesucht: Frauen, Kinder, Männer … Hier durch pflegten hungrige Menschen aus dem Ghetto zu kriechen und ein bisschen Nahrung hereinzubringen. Hier in den Ruinen durchbrachen und durchbohrten Leute die Wände, wie wütende Tiere, die nach Beute jagen, und rissen Bretter heraus, um ihr mageres Mittagsmahl zu kochen … Nicht weit von der Ruine hingen fünf jüdische Verbrecher[60] in einer zweiten, und Deutsche standen da und lachten über den Schrecken … und Juden liefen in der Nähe der Ruinen herum und bissen sich auf die Lippen, bis sie vor Elend und Scham bluteten … Hier, hier, hier sind all unsere Tragödien und unser Schmerz mit Blut auf die schwarzen Wände geschrieben. Während ich die Ruinen anschaue, überkommt mich ein unheimliches Gefühl, wenn ich sehe, wie Juden dort herumhantieren. Auch ich krieche zwischen den Ziegeln, den Tapetenfetzen und Dachziegeln herum, und

60 Das Ghettogericht hatte fünf Juden wegen eines Raubmords zum Tode verurteilt. Sie wurden am 4. Juni 1942 im Hof des ehemaligen Fleischmarktes in der Strashun-Gasse hingerichtet. Yitskhok wusste von dieser Hinrichtung; ob er die Erhängten selbst gesehen hatte oder die Szene bei seinem Gang durch das Ruinengelände imaginierte, muss offenbleiben. Der Fall ist ausführlich in den „Aufzeichnungen des Grigorij Schur 1941–1944“ dargestellt, die Wladimir Porudominskij unter dem Titel „Die Juden von Wilna“ herausgegeben hat (aus dem Russischen übersetzt von Jochen Hellbeck, München 1997, S. 90 f.).

mir scheint, ein Klagelied steigt von den schwarzen Spalten auf, von den muffigen Löchern. Mir scheint, die Ruinen weinen und bedrängen [mich], als ob dort Leben verborgen wären …

Ich erinnere mich an Bialiks Zeilen: „Und kriech durch Böden, kriech durch löcherige Dächer, / Und schau dich ein in alle schwarzen Löcher, / Schau, das sind offene, schwarze, stumme Wunden, / Die warten auf nichts Heilendes mehr in der Welt …“[61] Mich schaudert. Wie ein Geist steht die nackte Ruine vor dem Ghetto und bedrängt und spukt und öffnet jedermanns Wunden, und jeder ist froh, sie zusammenbrechen und kleiner und kleiner werden zu sehen …

Sonntag, 4. [Oktober] [1942]

Gegen Abend wurde in der Halle der früheren jüdischen Bank eine Gedenkveranstaltung zu Ehren von Gershteyn durchgeführt, organisiert von der Brigade „Beutelager“[62] und ihrem Brigadier Kaplan-Kaplanski[63]. Eine große Menschenmenge versammelte sich. Inmitten von Blumen und in festlicher Beleuchtung sind die zwei letzten Porträts von Gershteyn, gezeichnet von der Künstlerin Rokhl Sutskever[64], zu sehen. Gershteyn auf seinem Totenbett. Die Gedenkveranstaltung machte auf mich einen sehr starken Eindruck. Kaplan-Kaplanski spricht über Gershteyn als den großen humanistischen und stolzen Juden. In seinen Worten erweckt er

61 Chaim Nachman Bialik gehörte einer Kommission an, die 1903 Überlebende des Pogroms von Kischinew (heute Chişinău) befragte und einen Bericht darüber anfertigte. Diese Erfahrung bildete die Grundlage eines umfangreichen Gedichts, aus dem Yitskhok hier zitiert. Die obige Übersetzung der Verse ins Deutsche ist entnommen: Chaim Nachman Bialik, Gedichte. Zweiter Band. Aus dem Jiddischen übertragen von Ludwig Strauß, Berlin: Welt-Verlag 1921. Das Gedicht ist darin unter dem Titel „In der Stadt des Schächtens“ enthalten (S. 21–39, Zitat S. 22).

62 „Beutelager“ war ein Lagerhaus, in dem von den Sowjets erbeutete Waffen und Munition sortiert und aufbewahrt wurden.

63 Dovid Kaplan-Kaplanski, der dem Rat der Brigadiers vorstand, organisierte wöchentliche Kulturveranstaltungen im Ghetto, die sich großer Beliebtheit erfreuten. Er starb am 6. Dezember 1944 im KZ Schömberg, einem Außenlager des KZ Natzweiler-Struthof. Schömberg gehört zum Regierungsbezirk Tübingen, Zollernalbkreis.

64 Rokhl Sutskever gehörte zur Schriftsteller- und Künstlergruppe „Junges Wilna“. Sie starb im März 1943 in Treblinka.

viel aus der Vergangenheit zum Leben, den *Wilnaer Tag*[65] und andere Einrichtungen, um die herum sich das jüdische Wilna sammelte, und Gershteyn war überall der Erste. Der Lehrer Opeskin[66] spricht auch über Gershteyn. Sie wecken mit ihren Worten in uns eine noch tiefere Liebe zu dem Verstorbenen. Die Gedenkversammlung ist in jeder Hinsicht beeindruckend und stark. Stehend hören wir den Trauermarsch. Die Stimmung ist feierlich und traurig. Eine große gemischte Menge von Arbeitern und Kindern lauscht stehend den traurigen Tönen. Verschiedene Gedichte werden rezitiert. Ein Geiger schließt die Veranstaltung mit mehreren Stücken ab, die Gershteyns Tod gewidmet sind: berührende, melancholische Klänge voller Groll, Schmerz und Liebe zu dem Verstorbenen. Aus den Klängen strömt Kraft, und ich betrachte das Bild des Verstorbenen auf dem Totenbett genau. Es sieht aus, als ob er schliefe, eingelullt von der Melodie, die für ihn gespielt wird. Lyube Levitski[67] singt mehrere Lieder, die zu Gershteyns Lieblingsliedern gehörten und die er mit seinem Chor zu singen pflegte. Der Dichter Sutskever[68] liest ein

65 Unabhängige demokratische Zeitung, die seit 1919 in Wilna erschien, Gershteyn hatte Beiträge zu ihrer Musikseite geleistet.

66 Der Lehrer und Dichter Leyb Opeskin war einer der führenden Kommunisten im Ghetto. Er gehörte der Partisanen-Organisation an. Er starb am 11. Juli 1944 in Wilna, am Vorabend der Befreiung der Stadt.

67 Gefeierte Sängerin, die bei Wilnas jungem Publikum sehr beliebt war. Im Ghetto sang sie Volkslieder. Sie wurde wegen des Schmuggelns von einem Kilo Erbsen verhaftet und ins Lukishki-Gefängnis verbracht. Alle Bemühungen um ihre Freilassung blieben erfolglos. Die deutsche Zivilverwaltung ließ sie am 27. Januar 1943 zusammen mit sechs anderen Juden in Ponar erschießen. Dieckmann, Deutsche Besatzungspolitik in Litauen, S. 1119 f.

68 Avrom Sutskever (Abraham Sutzkever) (1913–2010) war ein bedeutender Dichter, der auf Jiddisch schrieb, und prominentes Mitglied des „Jungen Wilna". Im Ghetto rettete er jiddisches Schrifttum vor den Deutschen; es gelangte später ins Archiv des YIVO in New York. Sutzkever gehört der Widerstandsorganisation FPO an. Seine Mutter und sein neugeborenes Kind wurden 1941 ermordet. Ihm selbst gelang 1943 zusammen mit seiner Frau die Flucht in die Wälder. Am Vormittag des 27. Februar 1946 sagte er als Zeuge im Nürnberger Hauptkriegsverbrecherprozess aus (Der Prozess gegen die Hauptkriegsverbrecher vor dem Internationalen Militärgerichtshof, Nürnberg, 14. November – 1. Oktober 1946, Nürnberg 1947, Bd. 8, S. 332 ff.; eine Filmaufnahme der Aussage auf Russisch mit englischer Synchronisation und hebräischen Untertiteln unter: https://www.youtube.com/watch?v=rY4GnquFCmE [17. 5. 2020].

Die Künstler-Gruppe „Junges Wilna“.
V. l. n. r., stehend: Leyzer Volf, Khayim Grade, Elkhonen Vogler, Avrom Sutskever, Shmerke Katsherginsky; sitzend: Moyshe Levin, Sheyne Efron, Shimshn Kahan, Rokhl Sutskever, Bentsye Mikhtom, 1930

Wikimedia Commons, Public Domain
https://commons.wikimedia.org/wiki/File:Yung_Vilne.gif

Gedicht zu Gershteyns Tod vor. Er schreibt, „die menschlichen Gefühle sind jetzt wie Kerzen ohne Docht und sie verschmelzen miteinander … Doch Gershteyns Tod hat einen niederschmetternden Effekt gehabt, als ob eine Mauer auf uns gefallen wäre. Wir glaubten, dass er, „der stolzeste der Menschen", überleben würde …. In einer anderen Zeit hätten wir „… seinen Blumenkörper getragen, um ihn auszusäen", aber jetzt können wir ihn nicht einmal zum Friedhof begleiten … Wir kehren zurück und „atmen seinen Zorn" … Tatsächlich löst sich die Menschenmenge auf und atmet Gershteyns Zorn, der unter uns herrscht.

Montag, 5. [Oktober] [1942]
Zu guter Letzt erlebe ich diesen Tag. Heute gehen wir zur Schule. Der Tag verlief ganz anders [als frühere Tage]. Stunden, Schulfächer. Beide sechsten Klassen waren zusammengelegt. Es herrscht ein glücklicher Geist in der Schule. Schließlich wurde auch der Klub eröffnet. Mein eigenes Leben entwickelt sich ganz anders als zuvor. Wir verschwenden weniger Zeit, der Tag ist eingeteilt und fliegt ganz schnell vorbei … Ja, so sollte es im Ghetto sein, der Tag sollte vorbeifliegen, und wir sollten keine Zeit verschwenden.

Mittwoch, 7. [Oktober] [1942]
Das Leben ist ein bisschen interessanter geworden. Die Arbeit im Klub hat begonnen. Wir haben Gruppen für Literatur und Naturwissenschaften. Wenn wir die Schule um 19.30 verlassen, gehe ich sofort in den Klub. Es ist lustig dort, wir vergnügen uns und gehen am Abend in einer großen Schar nach Hause. Die Tage sind kurz. Es ist dunkel auf der Straße, und unser Haufen verlässt den Klub. Es gibt ein Spektakel, eine Aufregung. Polizisten schreien uns an, aber wir hören nicht auf sie.

Freitag, der 9. [Oktober] [1942]
Heute hatte ich einen harten Tag. Ich schrubbte den Fußboden, hackte Holz, lüftete das Bettzeug und kochte. Es war sehr schwer für mich. Ich rannte den ganzen Tag schwitzend herum, wurde müde und brachte es kaum fertig zu lesen. Nachts fing ich an, mich unwohl zu fühlen. Es scheint, ich habe mich erkältet. Nachts hatte ich sehr hohes Fieber.

Samstag. den 10. [Oktober] [1942]
Den ganzen Tag lang hatte ich hohe Temperatur, fühlte mich sehr krank. Der Doktor sagte, ich habe eine sehr üble Erkältung bekommen. Nachts schwitzte ich sehr stark. Alles, was ich anhatte, war durchtränkt.

Sonntag, den 11. [Oktober] [1942]
Heute fühle ich mich viel besser. Ich lese Gorkis „Drei“[69] ... Das Buch beeindruckt mich sehr.

Montag, den 12. [Oktober] [1942]
Meine Temperatur ist gefallen. Ich lese und schreibe.

Dienstag, 13. [Oktober] [1942]
Ich bin bereits aus dem Bett aufgestanden. Ich gehe nicht hinaus. Man muss aufpassen, sich nicht zu erkälten.

Mittwoch, 14. [Oktober] [1942]
Den ganzen Tag lang habe ich einen Aufsatz über „die Bedeutung des Buches *Der neunte November*“ geschrieben, das mich fasziniert hat. Ich habe viele großartige Ausschnitte abgeschrieben: starke ewige Worte, die die Freiheit der Nationen verkünden.

Donnerstag, 15. [Oktober] [1942]
Heute ging ich zur Schule. Draußen ist es regnerisch und öde. Es ist kalt. Ich werde heute nicht auf die Straße gehen. Ich lese Bergelsons „Penek“.[70]

69 Maxim Gorkis Roman „Drei Menschen“ erschien zuerst 1902 auf Russisch und bereits im selben Jahr auf Deutsch in einer Übersetzung von August Scholz im Berliner Verlag Bruno Cassirer.

70 „Penek“ ist der kindliche Held von Dovid Bergelsons Roman „Bam Dnyeper“ (Beim Dnjepr); der erste Band erschien 1932, der zweite 1940. Bergelson (1884–1952) war ein sowjetischer Schriftsteller, der Romane in jiddischer Sprache schrieb. Im August 1952 fiel er zusammen mit anderen jiddischen Autoren, Musikern und Schauspielern Stalins antisemitischer Kampagne gegen „wurzellose Kosmopoliten“ zum Opfer und wurde hingerichtet.

Samstag, 17. [Oktober] [1942]

Ein langweiliger Tag. Meine Stimmung ist genau wie das Wetter draußen. Ich denke mir, was wäre, wenn wir nicht zur Schule gingen, zum Klub, keine Bücher läsen. Wir würden in den Ghettomauern an Depression sterben. Heute gehen wir nicht zur Schule. Aber zum Ausgleich wird es heiterer, wenn die Leute von der Arbeit zurückkommen. Die Leute erzählen Neuigkeiten, natürlich gute Neuigkeiten. Die Sowjets haben sich zum Don durchgekämpft. Die Leute sind aufgeregt, streiten miteinander. Sie stellen fest, dass die Deutschen Stalingrad nicht einnehmen können. Sie sind dort zum Stillstand gekommen. „Deshalb nehmen sie alle Stühle im Ghetto weg. Sie sind vom Stehen müde geworden, also wollen sie sich dort einen Moment hinsetzen", schaltet sich ein zweiter ein. Ich gehe hinaus auf die Straße. Es gibt einen Tumult in der Nähe der Bäckerei. Eine Frau hat sich ein Gefäß aus der Bäckerei geschnappt und ist weggerannt. Sie wurde verfolgt und geschlagen. Das weckt in mir ein Gefühl von Abscheu. Wie schrecklich traurig. Die Leute schnappen einander Bissen vom Mund weg. Ich bin von Mitleid für die hungrige Frau überwältigt, wie sie mit den schmutzigsten Wörtern beleidigt wird, wie sie sie schlagen. Ich denke: Was für besonders hässliche Dinge geschehen im Ghetto. Einerseits die Hässlichkeit, ein Gefäß mit Nahrung zu stehlen, und andererseits eine Frau, die wahrscheinlich hungrig ist, grausam ins Gesicht zu schlagen.

Sonntag, den 18. [Oktober] [1942]

Ein historischer Tag im Ghetto. Leute ziehen in die hinzugefügten „Bezirke", Oshmene Allee, um. Die Leute können frei in den neuen Höfen herumlaufen. Ein regnerischer kalter Tag. Mich überkommt eine seltsame, traurige Stimmung. An diesem regnerischen, schlammigen Tag ziehen Leute mit Bündeln um. Ein Gedanke kommt mir in den Sinn, das Ghetto, an einem regnerischen Tag, mit Bündeln, so eine Empfindung besetzt mein Herz. Das Ghetto ist aufgeregt. Ich gehe hinaus, um die neuen „Bezirke" zu inspizieren. Zugleich habe ich ein angenehmes Gefühl im Herzen, wenn ich über die wenigen neuen Höfe krieche, die neuen Plätze sehe, die großen Ghetto-Ziegelwände, die gerade gebaut worden sind, was für ein Vergnügen! Ein einfaches Gefühl eines Gefangenen, der eine neue Ecke in seiner Zelle gefunden hat. Er betrachtet sie und ist für den Augenblick zufrieden: etwas Neues in seinem Gefängnisleben. Aber sofort habe ich ein anderes Gefühl, eine Empfindung von Entfremdung, mir sind der Müll, die kleinen Häuser, die Gasse fremd. Kalter Schlamm schlägt einem aus jedem Winkel entgegen. Viele Häuser sind zerstört, in Ruinen. Während unsere Ghettogassen mit Schmerz in mein Herz geschrieben sind, vertraut sind und mir sogar teuer, weil sie durchtränkt sind vom Blut und den Tränen meiner Brüder, erscheinen mir die hinzugefügten Höfe kalt und unfreundlich. Ich krieche den ganzen Tag in den Höfen herum. Jetzt sehe ich die freie Welt: Die Kirche in der Nähe der Kasernen an der Lidske Straße[71] ist ausgebombt, an ihrer Stelle stehen schwarze, vom Regen durchtränkte Ruinen. Trotzdem empfinde ich es heute so, als wären wir aus dem Ghetto herausgegangen. Immerhin gehen Leute umher, kommen zusammen. Ich empfinde keine Freude, aber ich fühle das Vergnügen, einen Schritt hinter das Tor zu machen, als ob ich ihn trotz des gelben [Tors] aus Holz mit dem starken Stacheldraht gemacht hätte.

Ich mache die erste Runde im Ghetto, eine zweite, eine dritte, und bald spüre ich dasselbe Gefängnis, nur ein bisschen größer, als ob uns jemand foppe. Das Gefühl des vorweggenommenen Verlassens des Ghettos verschwindet. Im Gegenteil, ich bin verbittert. Sie nehmen das Tor auseinander, die Bretter und der Stacheldraht verheddern sich unter den Schlägen der Äxte und wickeln sich so auf, dass sie wie eine Spinne aussehen. Nach der Beseitigung des Tors an der Yatkever Straße ist die Ruine an der Yatkever und Disner bloß und nackt, sie kann sich an nichts festhalten. Lange gehe ich an unseren neuen Orten herum. Die leeren Behausungen, Ruinen, verlassenen Keller rufen in mir unangenehme Empfindungen hervor, und meine Stimmung wird immer schlechter, im Einklang mit dem Wetter, das trüber und schlammiger wird. Der Regen stört mich. Es ist kalt. Es scheint, als schwimme das ganze Ghetto in dunklem Schlamm.

71 In der Lidske Straße, einer Allee am Rande des Ghettos unweit der Kasernen der litauischen Armee, war das dem Judenrat bzw. dem Vorsteher des Ghettos unterstehende Ghetto-Gefängnis.

Gegen Abend eine neue Sensation. Plötzlich haben jüdische Polizisten neue offizielle Kopfbedeckungen aufgesetzt. Ich überquere die Straße, und da gehen einige von ihnen, die Lederjacken tragen, Stiefel und grüne, runde Mützen mit glänzenden Spitzen und Davidsternen. Hier geht Smilgovski (ein „Offizier") mit einer dunkelblauen Mütze und einem goldenen Davidstern. Sie marschieren adrett im Gleichklang vorbei (Jacketts werden mit Gewalt in den Straßen „geliehen".) Sie wirken wie Litauer: wie Häscher. Mich überkommt ein unangenehmes Gefühl. Ich hasse sie vom Grund meines Herzens, Ghettojuden in Uniform, und wie arrogant sie in Stiefeln ausschreiten, die sie beim Plündern gestohlen haben! Das ganze Ghetto ist verblüfft. Jeder empfindet ihnen gegenüber das Gleiche, und irgendwie sind sie Fremdlinge im Ghetto geworden. In mir rufen sie ein Gefühl hervor, das aus Hohn, Abscheu und Furcht zusammengesetzt ist. Man sagt im Ghetto, dass der Grund für die Uniformen darin liegt, dass 30 Wilnaer Polizisten in die benachbarten Städte fahren, um in Oshmene[72] ein Ghetto zu schaffen. Man weiß das nicht mit Bestimmtheit.

Montag, 19. [Oktober] [1942]

Die Nachrichten verbreiten sich im Ghetto wie der Wind: Heute gehen 30 jüdische Polizisten auf Befehl der Gestapo weg in die Shtetl[73] für eine bestimmte Arbeit. Im Ghetto herrscht eine sorgenvolle Stimmung. Schimpf und Unglück haben ihren Höhepunkt erreicht. Juden werden ihre Hände in die schmutzigste und blutigste Arbeit stecken. Sie wollen einfach die Litauer ersetzen. Unsere jüdischen Polizisten fahren ab nach Oshmene. Sie nehmen Ausweise mit. Die Juden der umliegenden Städte

72 Oshmene, litauisch Ašmena, ist eine heute in Weißrussland liegende Stadt etwa 60 km südöstlich von Wilna. Dort lebten zu dieser Zeit fast 4000 Juden, zumeist Frauen und Kinder, denn viele Männer waren schon 1941 ermordet worden. Auf deutschen Befehl hin trieb die jüdische Polizei aus dem Wilnaer Ghetto dort 500 Juden zusammen, die ermordet wurden. Gens versuchte, die Mitwirkung seiner Männer damit zu rechtfertigen, dass so eine noch größere Tragödie habe abgewendet werden können. Tatsächlich hatte SS-Oberscharführer Martin Weiß vom Einsatzkommando 3, der zahlreiche Mordeinsätze leitete, 1500 Opfer gefordert.

73 Als Shtetl (Städtchen) bezeichnete man kleine Orte mit hohem jüdischen Bevölkerungsanteil.

werden nach Oshmene transportiert, und dort wird es wahrscheinlich Razzien geben, dieselbe traurige, blutige Geschichte wie in Wilna, und unsere Polizisten werden bei alldem die aktivsten Teilnehmer sein. Ich stehe am Tor. Sie treiben Leute weg, aber ich sehe alles: dreißig Polizisten wie ein Mann in Ledermänteln und mit neuen Mützen, in zwei Reihen aufgereiht, und ein gewisser Weiß[74], der Gestapohund, drillt sie. Und nun strömen sie alle in einen geschlossenen Wagen ... Sie werden alle geschniegelt zu den Unglücklichen kommen. Die Gestapo wird so zwei Fliegen mit einer Klappe schlagen: Erstens werden sie ein weiteres blutiges Werk ausführen, Ausweise, Ghettos, Sachen packen. Wir, die wir das erlitten habe, wissen, was es bedeutet. Zweitens werden sie demonstrieren, dass Juden in Uniform ihre eigenen Brüder ins Ghetto treiben, Ausweise verteilen und mit der Knute für Ordnung sorgen. Die Leute sagen, dass sie bereits mit Tausenden weggefahren sind. Bewohner Wilnas, die Verwandte in diesen Städten haben, haben bereits große Summen dafür bezahlt, dass ihre Verwandten dort Ausweise erhalten. Denn uns, den Bewohnern Wilnas, ist bewusst, dass ein Ausweis eine Lebensversicherung ist. Das ganze Ghetto ist in Aufruhr wegen dieser Abreise. Wie groß ist unser Unglück, wie groß ist unsere Scham, unsere Erniedrigung! Juden helfen den Deutschen bei ihrem organisierten schrecklichen Ausrotten!

Dienstag, 20. [Oktober] [1942]

Heute hatten wir ein Treffen der Naturwissenschaftsgruppe. Unser Lehrer Movshovitsh[75] hielt einen Vortrag unter dem Titel „Die Ausbeutung der Natur durch den Menschen". Das war sehr interessant. Die Natur wird auf verschiedenen Wegen vom Menschen ausgebeutet. Die Ausbeutung der Natur verschafft der Menschheit ein leichteres, komfortableres

74 Martin Weiß (1903–1984) war von Oktober 1941 bis zum Juli 1944 als Mitglied des Einsatzkommandos 3 in Wilna. Er leitete häufig die Mordeinsätze des litauischen Sonderkommandos in Ponar und war seit Juli 1943 auch Chef des Gestapo-Gefängnisses in Wilna. 1950 wurde er vom Landgericht Würzburg wegen seiner Beteiligung an der Ermordung von mindestens 30 000 Juden und wegen sieben einzelner Morde zu lebenslanger Haft verurteilt.

75 Der Lehrer Yankev Movshovitsh überlebte mithilfe eines seiner Professoren.

Leben, und Menschen können sich entwickeln. Jedoch kommt es mit der Zivilisation zu Kriegen. Die Menschheit erlebt eine schmerzhafte Tragödie. Mit der Verschönerung des Lebens kommt dessen Zerstörung.

Mittwoch, 21. [Oktober] [1942]

Heute hatten wir im Klub die Generalprobe der Bemühungen des Klubs in darstellender Kunst: Rezitationen und Tänze, die jederzeit präsentiert werden können. Der Klub bereitet eine Aufführung für die Arbeiter der Brigade „Beutelager" vor. Alle Nummern sind von einer Jury begutachtet worden. Wir saßen bis 11 Uhr da und hörten die Probe-Vorstellungen an. Großartige Lieder, helle, junge Stimmen. Gorkis Gedicht „Der Sturmvogel"[76] war schön. Auch das Gedicht „Hände" wurde schon rezitiert und das Gedicht „Wilna". All die warm empfundenen und intimen und starken Gedichte berührten das Herz. Einige eigene Schöpfungen der Schüler selbst wurden auch vorgelesen. Besonders schön war Yankelevs[77] Gedicht „Die Nacht und der Blitz". Der Blitz zerreißt die Nacht und enthüllt uns die verborgene Sonne. Ich kam spät in der Nacht nach Hause. Die vom Regen durchnässten Gassen sind feucht und leer, und ich bin mit der Parole unterwegs.[78] Die Parole ist „Carmen". Es ist angenehm, sehr schnell durch die leeren Gassen zu laufen und mit den Füßen stark aufzustampfen. Bei drei Polizeiposten rufe ich die Parole. Sie singen die Parole vom Tor zu mir zurück, und schon bin ich im Haus.

Donnerstag, 22. [Oktober] [1942]

Die Tage vergehen schnell. Nachdem ich meine wenigen Unterrichtsstunden beendet hatte, begann ich, ein wenig Hausarbeit zu machen. Ich las ein Buch, schrieb Tagebuch, und ab in die Schule. Die wenigen Stunden

76 Gorkis „Lied vom Sturmvogel" entstand 1901; ähnlich wie in einer Fabel wird in einem Gespräch zwischen Vögeln der große Sturm angekündigt, die Revolution, vor der der Sturmvogel sich nicht fürchtet.

77 Sorele Yankelev war eine herausragende, mit vielen Talenten gesegnete Schülerin am Realgymnasium und eines der aktiven Mitglieder des Jugendklubs; sie leitete eine Zehnergruppe. Sie starb während der Auflösung des Ghettos.

78 Um während der Sperrstunde durch die Ghettostraßen zu laufen, benötigte man eine Sondererlaubnis der Ghettopolizei oder ein Losungswort, das täglich wechselte.

gehen schnell vorbei: Latein, Mathematik, Geschichte, Jiddisch, und [ich bin] wieder zu Hause. Nach dem Essen gehe ich in den Klub. Hier vergnügen wir uns ein bisschen. Heute war die Generalprobe unter der Leitung Yashunskis[79] (des Direktors der pädagogischen Abteilung). Sie führten auch das (Puppen-)Theater vom Klub Miadim auf, das zwei Jungen arrangiert haben. Es ist ganz nett, wenn auch sehr primitiv. Der literarische Teil ist sehr schwach, aber das macht nichts, solange man Kreativität sieht. Unsere Jugend arbeitet und geht nicht unter. Unsere Geschichtsgruppe arbeitet. Wir hören Vorträge über die Große Französische Revolution, über ihre Zeit. Die zweite Abteilung der Geschichtsgruppe, Ghetto-Geschichte, ist auch fleißig. Wir sind dabei, die Geschichte des Hofs der Shavler Straße 4 zu untersuchen. Zu diesem Zweck sind Fragebögen unter den Mitgliedern verteilt worden, mit Fragen, die den an dem Hof Wohnenden gestellt werden müssen.

Wir haben unsere Arbeit schon begonnen. Ich gehe mit einem Freund zusammen los. Die Fragen sind in vier Teile aufgeteilt: Fragen, die sich auf die polnische, die sowjetische und die deutsche Herrschaft beziehen (bis zum Ghetto), und Fragen zum Ghetto. Die Bewohner antworten unterschiedlich. Überall jedoch dasselbe traurige Ghettolied: Eigentum, Ausweise, Verstecke, die Preisgabe von Dingen, das Zurücklassen von Verwandten. Ich habe einen Vorgeschmack von der Aufgabe des Historikers bekommen. Ich sitze am Tisch und stelle Fragen und notiere die schlimmsten Leiden mit kalter Objektivität. Ich schreibe, ich forsche bohrend nach Einzelheiten und ich merke überhaupt nicht, dass ich in Wunden bohre, und die Person, die mir antwortet – gleichgültig: zwei Söhne und ein Ehemann abgeführt – die Söhne am Montag, der Mann am Donnerstag … Und diesen Schrecken, diese Tragödie formuliere ich in drei Worten, kalt und trocken. Ich bin in Gedanken versunken, und die Wörter starren mich aus dem Papier blutrot an.

79 Gens hatte den Juristen Grisha Yashunski, einen Bundisten, der als Flüchtling aus Warschau nach Wilna gekommen war, im Sommer 1942 zum Leiter der Kultur- und Bildungsabteilung im Ghetto ernannt. Am 12. April 1943 ersetzte Gens ihn durch den Zionisten Dr. Leo Bernstein. Yashunski gehörte der Widerstandsorganisation FPO an. Er überlebte.

Sonntag, 25. [Oktober] [1942]
Leute ziehen aus unserem Zimmer aus. Der Onkel und seine Familie haben eine Erlaubnis für einen Raum in den kürzlich hinzugefügten Höfen erhalten. Ein turbulenter Tag. Das kleine Zimmer ist in Unordnung. Dennoch bin ich glücklich. Es war unmöglich, unter solch erstickenden Bedingungen zu leben, zusätzlich zu allem andern. Sieben Personen lebten in einem kleinen Zimmer von neun Quadratmetern. Auch ein großer Schrank und ein Sofa stehen im Zimmer.

Nach der Schule gingen wir zum Treffen des „Beutelagers". Das ist eine beispielgebende Brigade. Ihr Brigadier, Kaplan-Kaplanski, organisiert jeden Sonntag eine Zusammenkunft der Arbeiter. Die Zusammenkunft ist kultureller Natur. Yashunski, der Direktor der pädagogischen Abteilung, berichtete über die Arbeit. Im Ghetto arbeiten derzeit drei Grundschulen mit zwei Kindergärten, eine technische Schule, eine Musikschule, eine Mittelschule, eine Kinderkrippe und ein Wohnheim für verlassene Kinder. Jede dieser Institutionen hat eine reiche Martyriumsgeschichte. Yashunski sprach auch über das Theater und den Sport im Ghetto.

In der zweiten Hälfte führten Mitglieder des Klubs die besten Nummern der Generalprobe vor. Die Zusammenkünfte des „Beutelagers" machen einen sehr guten Eindruck. Wie angenehm ist es, einige Stunden in einer kulturvollen Umgebung zu verbringen. Kaplan-Kaplanski dankte Yashunski für seinen Bericht. Er unterbreitete ihm aber auch einige seiner öffentlichen Forderungen; gebildete Leute laufen arbeitslos im Ghetto herum. Er verlangte, im Namen der Gemeinschaft, Arbeit für Zalmen Reyzins Frau, Gershteyns Schwester,[80] und für den Lehrer Anilovitsh[81].

Kaplan-Kaplanski lässt der Ghettobibliothek 50 Bücher zukommen, die gefunden worden sind. Wir sitzen im Ghetto wie Gefangene im Gefängnis, aber wir verlieren nicht den Mut. Jüdische Arbeiter treffen

80 Miriam Reyzin, die Witwe des Autors und Literaturhistorikers Zalmen Reyzin, der zu den Gründern des YIVO gehörte, lebte im Ghetto unter besonders schwierigen Bedingungen. Ihr sollte eine leichte Arbeit verschafft werden.

81 Yudi Anilovitsh hatte das jüdische Realgymnasium absolviert und leitete die bibliografische Abteilung des YIVO. Er war auf Schulbuch-Bibliografie spezialisiert. Wegen Diabetes musste er seine Arbeit aufgeben. Er starb im Sommer 1943 im Ghetto.

sich und ziehen Befriedigung daraus, zwei Stunden in einer kulturvollen Umgebung zu verbringen, die sie an die guten, süßen Tage erinnert.

Nacht. Ich gehe durch die neue Ghettostraße. Eine helle Nacht. Der Mond ist voll und rund. Sein menschliches, lachendes Gesicht steht am Himmel und gießt seine eisige Kälte über die Gassen aus. Die kleinen Fenster in den Wänden sind schwarz. Aber aus jedem von ihnen scheint tagtägliche Sorge, tagtägliche Beunruhigung. Von irgendwo weither hört man ein langgezogenes Pfeifen eines abfahrenden Zuges. Traurig zerreißt es die Stille der Nacht und ruft und zerrt am Herzen ...

Montag, 26. [Oktober] [1942]

Heute blieb Vater zu Hause. Wir reinigten das Zimmer. Der Umzug hat große Unordnung verursacht. Wir putzten. Das kleine Zimmer ist [jetzt] viel geräumiger und komfortabler. Heute hatten wir ein Gershteyn-Gedenken in der Schule. Lehrer Lubotski[82] erzählte uns von unserem großen Freund und Erzieher. Schüler lasen auch ihre Aufsätze vor. Ich las meinen Aufsatz „Lehrer Gershteyn ist verstorben".[83]

Dienstag, 27. [Oktober] [1942]

Wir führen ein viel einfacheres Leben. Es ist bequem und ruhig im Zimmer. Ich bin mein eigener Herr. Ich falte Dinge zusammen, putze und dann bereite ich meine Stunden vor. Ich verbringe meine Zeit damit, die Wohnungen in der Shavler 4 mit dem Fragebogen für die Ghetto-Erforschung zu besuchen. Ich lese jetzt „Das gelbe Kreuz" von Andrzej Strug[84] auf Polnisch. Ein gutes Buch, ein Bild des Ersten Weltkriegs. Vieles ist mit

82 Der Lehrer Borukh Lubotski war Abgeordneter der Demokratischen Volkspartei im Stadtrat gewesen. Nach der Auflösung des Ghettos wurde er zur Zwangsarbeit nach Deutschland deportiert. Er starb im Lager Dautmergen, einem Nebenlager des Konzentrationslagers Struthof-Natzweiler.

83 Dieser Aufsatz ist erhalten geblieben und wurde zusammen mit dem Tagebuch aufgefunden. Er ist hier im Anhang in deutscher Übersetzung abgedruckt.

84 Andrzej Strug (d. i. Tadeusz Gałecki) (1871–1937) war ein polnischer Romanautor und Publizist, der sich als Sozialist für die polnische Unabhängigkeit einsetzte. Während des Ersten Weltkriegs kämpfte er in Józef Piłsudskis polnischer Brigade. Sein 1932/33 verfasster Roman „Das gelbe Kreuz" (Żółty Krzyż) ist eine Auseinandersetzung mit dem Ersten Weltkrieg aus pazifistischer Sicht.

unserem Krieg vergleichbar, dasselbe Blutbad, dieselbe Tragödie. In der Schule erfuhr ich, dass Lehrer Lubotski vorgeschlagen hat, dass ich meinen Aufsatz zum Gedenken an Gershteyn, weil er sehr schön geschrieben sei, heute um 8.30 Uhr am Abend beim Gedenken im Ghettotheater lesen solle. Ich war fast unvorbereitet, und das kam unerwartet. Nachdem ich eine halbe Stunde früher gekommen war, übte ich das Lesen ein wenig.

Ich war wie üblich nervös. Der Saal war voll von Menschen. Lehrer Lubotski begleitete mich hinter die Bühne. Dort erlebte ich mit pochendem Herzen den heutigen großartigen Auftritt von Slyeps Chor.[85] Wie wunderbar ihr Lied klang:

Erklinget laut, ihr schönen Melodien,
Während der Westen noch rot glüht,
Auch wenn die Sonne längst untergegangen ist,
Auch wenn der Dichter längst tot ist.

Es ist auch hinter der Bühne interessant. Die Sprecher bereiten sich vor, reden miteinander, und auch ich bin unter ihnen. Vor allem stellte sich heraus, dass ich gebeten wurde, am Sprechertisch zu sitzen. Das schien mir sehr seltsam: Die Künstler, die Sprecher machen für mich Platz und legen mit mir die Reihenfolge der Ansprachen fest.

Ich merke, dass meine Wangen glühen … Schließlich saßen wir am Tisch auf der Bühne. Yashunski, Lehrer Lubotski, Opeskin, Blyakher[86],

85 Volkschor unter Leitung von Avrom Slyep, der Gesangslehrer an Wilnaer Schulen und Leiter jiddischer und hebräischer Chöre war. Er sammelte klassische Kompositionen und Volkslieder, um sie in sein Repertoire aufzunehmen. Im Sommer 1943 wurde Slyep nach Estland deportiert, wo er in einem der Lager starb.

86 Shabsay Blyakher (Shabtai Blecher), geb. 1906, Mitglied der Theater-Kompanie „Vilner Trupe“, gehörte zu den tragenden Kräften der Theater-Aktivitäten im Ghetto. Er sammelte Material zum Schicksal seiner Kolleginnen und Kollegen vom jiddischen Theater. Sein hinterlassener Essay „Tsvantsik un Eyner“ (Zwanzig und Einer) befasst sich mit zwanzig Schauspielern, die die Deutschen während des ersten Jahres der Besetzung Wilnas in Ponar ermordet hatten, und einem Kollegen, der im Ghetto an Typhus gestorben war. Der Aufsatz wurde 1962 in New York in einem Buch unter dem Titel „Eynuntsvantsig und Eyner“ (Einundzwanzig und Einer) veröffentlicht. Der hinzugefügte Beitrag betrifft Blyakher selbst, der am 19. September 1944 im

Rubina[87] und Rotnberg[88]. Zuerst fühle ich mich unbehaglich. Aber die guten, vielseitigen Reden und das Anhören der großartigen Geschichte dieses schönen Menschen Gershteyn beruhigten mich. Die Redner sprachen lange. Epochen, Perioden von Gershteyns schönem Leben kommen zur Sprache. Schließlich hält Lehrer Lubotski die Abschlussrede. Er schließt mit den Worten, dass wir nicht wissen, wie das Nachkriegsleben aussehen wird. Eines aber wissen wir: dass Gershteyns Platz leer bleiben wird. Es gibt niemanden, der ihn ersetzen kann. Und wenn wir uns ein neues Leben aufbauen, werden wir erkennen, wie groß unser Verlust ist. Schließlich lese ich meinen Aufsatz vor. Die Nervosität, die mich bis dahin erfüllt hat, verschwindet. Ich fühle mich ziemlich frei. Ich bemühe mich, laut zu lesen, mit Ausdruck. Die Momente fliegen pfeilschnell vorbei: „Für mich wird mein Lehrer Gershteyn immer einzigartig, schön und fröhlich sein." Und schließlich lese ich das Resümee. „Der Name Yankev Gershteyn wird unter uns immer blühen und uns an das Liebste und Beste erinnern." Ich nehme Platz. Ich merke, wie ich wieder erröte. Ich hatte solche erhabenen Empfindungen, als ich las. Als ich las, fühlte ich meinen Lehrer Gershteyn in der Tiefe meines Seins. Nachts gehen wir in einer Gruppe nach Hause. Sie sagen mir, dass ich gut gelesen habe, einen ausgezeichneten Aufsatz. Als ich im Bett lag, brannten meine Wangen noch … Ich werde jenen Abend nie vergessen, das Sitzen auf dem Podium, mein Lesen, genau wie ich meinen Lehrer Gershteyn nie vergessen werde.

Freitag, 30. Oktober [1942]

Heute war ein Arbeitstag. Ich habe bisher kaum einmal gekocht. Meine Eltern nehmen ihr Abendessen bei der Arbeit ein und bringen mir auch etwas. Heute habe ich mich darangemacht, einen Kohl zu kochen, und

Lager Klooga in Estland starb. https://www.yadvashem.org/yv/en/exhibitions/vilna/during/blecher.asp [17. 5. 2020].

87 Dora Rubina war eine Schauspielerin am jiddischen Theater in Wilna. Sie beteiligte sich aktiv am Theaterleben des Ghettos und nahm selbst viele der Lieder auf, die dort gesungen wurden. Sie überlebte den Holocaust.

88 Yekusiel Rotnberg, ein junger Schauspieler des jiddischen Theaters, wurde in Konzentrationslager in Lettland und in das KZ Stutthof verbracht. Er starb am 27. Januar 1945 an der Ostseeküste.

auf der zweiten Flamme Bouletten mit Kartoffeln. Ich habe hart dafür gearbeitet. Dabei entstand in dem kleinen Zimmer ein Durcheinander. Es war schwierig, alles gleichzeitig zu tun. Währenddessen kam es im Ghetto zu einem Tumult. Wir wissen nicht, um welches Problem es geht. Man lässt niemanden auf die Straße gehen. Die jüdischen Polizisten rennen wie Tiere durch die Höfe, treiben die Hauswarte in die Häuser, damit sie anfangen sauberzumachen, und fordern die in den Zimmern auf, schnell sauberzumachen. Schließlich ist das Abendessen fertig, es wird auch für morgen genug da sein. Wie im Nebel, bestürzt, putze und fege ich, und jetzt ist alles sauber. Ich esse meine Mahlzeit, ich atme auf. Es stellt sich heraus, dass sie „angesehene Gäste" erwarten. Das soll eine Kommission aus Berlin sein. Die Leitung des Ghettos steht Kopf; man fühlt sich nicht mehr wie zu Hause. Mich stört es nicht. Ich bin an die Ausbrüche von Panik gewöhnt. Gegen Abend werden wir eine Naturkundegruppe haben. Das Thema ist „Farben in der Natur". Die Naturkundegruppen sind sehr interessant. Im Allgemeinen ist es sehr interessant zu lesen und sich im Ghetto mit der Natur zu befassen. Es zeigt, dass wir im Geist nicht von der Natur abgeschnitten sind, wir fühlen sie und haben ein vernünftiges Naturverständnis.

Samstag, 31. [Oktober] [1942]

Schließlich kam irgendeine Kommission oder so etwas ins Ghetto. Die Straßen sind gesperrt. Es scheint, sie hatten keine Lust, ihre Zeit hier zu verbringen, und fuhren wieder ab. Gegen Abend brachte unser Nachbar, der zusammen mit meinen Eltern arbeitet, ein sowjetisches Flugblatt. Im Zimmer brach Feiertagsstimmung aus. Einer setzt sich an den Tisch und liest. Alle um ihn herum mit offenem Mund und angehaltenem Atem. So ein kleiner Schatz, der von weit, weit weg herkommt, über Schlachtfelder, Städte und schließlich über mit Stacheldraht bewehrte Ghettotore. „Nachrichten vom sowjetischen Vaterland, Tod den deutschen Aggressoren."[89] Jeder sieht das Blatt Papier an. Für jeden ist es so eine Rarität, so ein Feiertag. Das Flugblatt sagt, wir sollen den deutschen Kommuniqués nicht glauben. Das Flugblatt ermutigt die Brüder

89 Im Original russisch.

und Schwestern in den zeitweilig besetzten Gebieten. Das Flugblatt ist vom 11. August. Es gibt nichts besonders Wichtiges von der Front im Kommuniqué. Die Division der Kuban-Kosacken unter dem Befehl von Tutorinow tut sich im Kaukasus hervor. Auch brachten die sowjetischen Panzerverbände dem Feind in Brjansk eine Niederlage bei. Das Flugblatt erzählt vom Leben in der Sowjetunion. Es ist für mich angenehm zu hören, dass Leben noch irgendwo pulsiert. Das russische Volk atmet, lebt und kämpft. In der Sowjetunion läuft ein großer sozialistischer Wettbewerb in einem gigantischen Maßstab in allen Regionen. Die Fabriken und Brigaden, die sich in der Produktion von Panzern und Flugzeugen und in der Erdölförderung hervortun, sind aufgeführt. Leute schreiben über die derzeitige Kultur. Die Kindererziehung ist immer noch auf demselben hohen Niveau. Zehntausende Kinder von Frontsoldaten werden in Kinderheimen betreut. Kürzlich wurden zwei neue Filme produziert, die den großen Kampf beschreiben: „Der Kommissar von Rajkom" und „Partisanen".[90] Das Flugblatt berichtet über die Vorbereitungen in England für die zweite Front. Die Arbeiter in England und Amerika verlangen von ihren Regierungen, dass sie den entscheidenden Kampf gegen den Hitlerismus aufnehmen. Das Flugblatt erzählt von der glorreichen Arbeit der russischen Partisanen. Das Flugblatt endet mit einem Appell an die Partisanen und Partisaninnen, weiter Sabotage zu üben, deutsche Züge entgleisen zu lassen!

Unser Nachbar übergibt mir die Proklamation. Ich sehe mir das bescheidene Blatt Papier genau an: All die Anstrengungen und die Selbstaufopferung des russischen Volkes scheinen mir darin verkörpert. Ich renne mit dem Flugblatt zum Klub, um es meinen Freunden zu zeigen. Ich halte es an meiner Brust. Er scheint mir, dass das Schriftstück mich wärmt. Die Worte sind mir so nah, so freundlich. Wir stehen in den

90 Der Film „Der Kommissar des Rajkom" konnte nicht identifiziert werden. Der Herausgeber der englischen Ausgabe vermutet, dass mit „Partisanen" Igor Sawchenkos Film „Partisanen in der ukrainischen Steppe" gemeint sei, der auf einem Theaterstück von Alexander Korneichuk fußt. Nach Angaben von Jeremy Hicks wurde der 1941 entstandene Film allerdings erst 1943 uraufgeführt. Jeremy Hicks, First Films of the Holocaust. Soviet Cinema and the Genocide of the Jews 1938–1946, Pittsburgh 2012, S. 95.

Ecken des Klubs und lesen. Jeder war eine Zeit lang so voller Freude und guter Laune – wir haben Grüße von unseren Befreiern bekommen.

Sonntag, 1. November [1942]

Dies ist ein schöner Tag. Es war jeden Tag bewölkt und regnerisch. Heute, ganz plötzlich, hat sich ein Frühlingstag zwischen die Herbsttage geschoben. Der Himmel ist blau, die Sonne wärmt liebevoll. Und so drängen die Ghettoleute heraus in die Gassen, um einzufangen, was wahrscheinlich die allerletzten Sonnenstrahlen sind. Unsere Polizei hat sich mit den neuen Mützen feingemacht. Hier kommt einer von ihnen vorbei – mein Blut kocht – in einem Ledermantel, mit unverschämter Miene, seine Dienstmütze schief auf dem Kopf. Ihre Spitze glänzt in der Sonne. Die Kordel seiner Mütze unter sein Kinn gezogen, lässt er seine blanken Stiefelchen klacken. Gesättigt, vollgefressen, stolziert er stolz wie ein Offizier, ergötzt sich – die Schlange – an so einem Leben und spielt seine Komödie. Das ist die Quelle all meiner Wut auf sie, dass sie aus ihrer eigenen Tragödie eine Komödie machen.

Montag, 2. November [1942]

Heute hatten wir ein sehr interessantes Gruppentreffen mit dem Dichter A. Sutskever. Er sprach mit uns über Dichtkunst, über Kunst im Allgemeinen und über Untergliederungen der Dichtkunst. In unserer Gruppe wurden zwei wichtige und interessante Dinge entschieden. Wir schaffen die folgenden Sektionen in unserer Literaturgruppe: jiddische Dichtung und, was am wichtigsten ist, eine Sektion, die sich damit befassen wird, Ghetto-Folklore zu sammeln. Diese Sektion interessierte mich und zog mich sehr an. Wir haben schon bestimmte Details diskutiert. Im Ghetto werden vor unseren Augen Duzende von Ghetto-Sprichwörtern, Ghetto-Flüchen und Ghetto-Segenssprüchen geschaffen; Ausdrücke wie „vashenen" („ins Ghetto schmuggeln"), sogar Lieder, Witze und Geschichten, die schon legendär sind. Ich denke, dass ich eifrig an diesem kleinen Kreis teilnehmen werde, denn die wunderbare, im Blut gediehene Ghetto-Folklore, die über die Gassen verstreut ist, muss gesammelt und als ein Schatz für die Zukunft gehegt und gepflegt werden.

Dienstag, 3. November [1942]

Als ich von der Schule heimkam, erzählte mir Mutter ein paar Dinge, die sie erlebt und gehört hatte. Mutter näht für eine deutsche Frau. Die deutsche Frau ist so eine gute, noble Person; die jüdischen Arbeiterinnen mögen sie sehr. Sie gab Mutter Seife, Mehl, Zuckerstücke und Brot. Sie interessiert sich für das Leben im Ghetto. Von ganzem Herzen nimmt sie Anteil an den Juden im Ghetto. „Der Krieg wird enden, der Führer ist an allem schuld. Ihr werdet befreit werden, sie brauchen euch, ihr seid nützliche, fleißige Leute. Wir Deutschen und ihr Juden werden nicht lange mehr leiden!" Eine zweite Geschichte: Im Arbeitslager Verzhbolov[91] schlug ein Deutscher einen Juden mit dem Stock. Deutsche, die vorbeifuhren, sprangen aus ihrem Auto, rissen dem Rohling den Stock aus der Hand und fragten ihn voller Bitterkeit: „Warum schlägst du ihn? Du Hund, du warst wohl nicht an der Front, deshalb schlägst du ihn. Hättest du gesehen, wie das Blut wie Wasser fließt, hättest du ihn nicht geschlagen ..." Die Geschichten klingen halb wie Legenden. Jeder Ghettojude hat Freude daran, sie zu erweitern, sie reicher zu machen; Leute schwelgen darin. So z.B. erzählen sie, dass ein Deutscher einem Juden das Kennzeichen von der Kleidung gerissen habe mit den Worten, dass Kennzeichen bald nicht mehr benötigt werden! All diese Geschichten kursieren unter den Leuten, oder sie verändern sie, verstärken den Eindruck, verschönern sie. Aber ein Körnchen Wahrheit gibt es. Wir sind von dem Gedanken gerührt, dass es unter den Deutschen viele gibt, die Mitgefühl mit uns haben und angesichts unserer Qual Scham empfinden.

Zu Hause hat man uns heute von Unruhen in Polen erzählt. Es wurde gesagt, Radom sei von polnischen Aufständischen besetzt. Fünfzig Polen seien in Warschau gehängt worden. Das sind jedoch haltlose Gerüchte.

Mittwoch, 4. [November] [1942]

Gegen Abend dringt die Nachricht ins Ghetto, dass der Leiter einer Gruppe von Waldarbeitern von Partisanen erschossen worden ist. Die Nachricht interessierte mich. Jeder erzählt etwas anderes. Schließlich

91 Gemeint ist das litauische Virbalis an der Grenze zu Ostpreußen, deutsch Wirballen, polnisch Wierzbołów, russisch Вержболово.

findet man Folgendes heraus: Der Leiter einer Gruppe von Waldarbeitern, ein Polizist, ging schlecht mit den Arbeitern um. Es gab Partisanen in der Nähe, die vom Verhalten des Leiters gegenüber ihren Brüder erfuhren und entschieden, dass, wer immer ihre Brüder schlägt, ein Feind ist. Sie kamen gestern Abend und schossen auf ihn in seinem Haus. Früh am Morgen wurde er nach Wilna gebracht. Er lebte noch und erzählte alles. Das ist der Kern der Geschichten aller. Zusätzlich erreichen uns andere Details. Er wurde mit dem Gesicht zur Wand gedreht und aufgefordert, sich nicht zu bewegen. Er wollte irgendeine Erklärung abgeben und drehte sich um, und so wurde er erschossen. Der Vorfall macht auf mich einen starken Eindruck. Ich fand es seltsam schwierig zu entscheiden, ob er den Tod verdiente oder nicht. Denn einige sagten, dass er ein grausamer Mensch war, der seine eigenen jüdischen Arbeiter zu schlagen und zu drangsalieren pflegte; andere dagegen berichten, dass er ein guter Mensch war. Er war streng, weil er dazu gezwungen wurde. Ich empfand aber ein Gefühl des Triumphs, eine Freude, dass es im Wald welche gibt, die für den armen, gedemütigten Ghettojuden Partei ergreifen, und während sie ihre Rache ausführen, auch seine Rache im Sinn haben …

Donnerstag, 5. [November] [1942]

Eine unserer Nachbarinnen verbrachte die letzte Nacht im Lidske, weil sie ihr Fenster nicht verdunkelt hatte. Sie saß mit einer Frau aus Oshmene im Gefängnis, wo unsere „mannhafte" Polizei-Einheit für Ordnung sorgt. Die Wilnaer Polizisten befahlen allen Juden hinauszugehen auf den Platz nahe der Synagoge. Nur Kindern bis zu zehn Jahren war es erlaubt, zu Hause zu bleiben. Die Polizisten teilten die versammelte Menge rasch in zwei Gruppen: Sie trieben die eine, die Arbeitsfähigen, in die Synagoge, und führten die zweite Gruppe, schwächere, ältere Menschen, irgendwohin weg. Später erfuhren wir, dass sie den Litauern übergeben wurden. Gegen Abend verteilte die jüdische Polizei an die Übriggebliebenen Ausweise und ließ sie frei. Die Kinder bis zu zehn Jahren fand man zu Hause. Unsere Herzen beginnen zu pochen, wenn wir solche Berichte hören. Wenn wir dabei zuhören, empfinden wir das, was den Juden von Oshmene widerfahren ist, mit ganzer Seele; deshalb ist es so schrecklich, das zu hören.

Morgens gehe ich zu den Ruinen. Ein schwarzes, dickes Stück Wand steht kaum noch. Arme ältere Leute arbeiten für zwölf Rubel an diesen Ruinen. Sie nehmen ein langes Seil mit einer Schlinge und winden es um die nasse Wand. Etwa zwanzig Leute, ältere, schwache Leute, schirren sich an dem Seil an und ziehen. Die Wand schwankt wie ein Betrunkener, torkelt in der Luft, fällt aber nicht um. Viele Männer fassen mit an, um zu helfen. Ein Bild: Ruinen lugen aus den Gässchen heraus. Plötzlich zieht eine menschliche Kette mit einem Seil an einer Wand. Die menschliche Masse stöhnt –, die Wand stöhnt auch, Letztere eingespannt, die Wand beginnt zu wanken, sich zu drehen und bricht zusammen. Ein Hurrikan von zerbröckelnden Ziegeln, und die ganze Straße mit ihren Leuten ist eingehüllt in Kalkstaub. Die ganze Straße wird von Trümmern überhäuft.

Heute gingen wir auch mit dem Fragebogen zur Erforschung des Ghettos zur Shavler 4. Wir wurden nicht gut empfangen. Und ich muss leider zugeben, dass sie recht hatten. Uns wurde unsere Gemütsruhe vorgeworfen. „Ihr dürft nicht in anderer Menschen Wunden bohren; es ist klar, wie wir leben.“ Sie hat recht, aber ich habe nicht unrecht, denn ich denke, dass alles erfragt und aufgeschrieben werden sollte, sogar das Blutrünstigste, denn alles wird berücksichtigt werden.

Freitag, 6. [November] [1942]

Heute Morgen stand ich für Eintrittskarten für das Bad an. Auf der Straße nahe an der Mauer steht ein Bauer, schon in einem langen Wintermantel aus Pelz, den Hut über den Augen, in großen Stiefeln. Er ist vermutlich gekommen, um sich um irgendetwas im Ghetto zu kümmern. In seiner Nähe steht ein Junge von etwa 15 Jahren, auch in einem Bauernmantel und Stiefeln. Unter dem Bauernhut schauen schwarze, lebhafte Augen hervor. Jeder versteht sofort: ein jüdischer Junge, der als Nichtjude lebt. Er zieht schnell eine große Menschenmenge an. Sie fragen nach seiner Familie: Niemand ist übrig geblieben. Er arbeitet für den Bauern, und der versorgt ihn mit Lebensmitteln. Der Junge lebt bei ihm. Er beobachtet alles, und alle sehen ihn erstaunt an. „Also“, sagt er zu einer Frau, „bring die Ware, wir gehen gleich.“[92]

92 Im Original russisch.

Am Abend komme ich vom Klub zurück. Es ist trocken und kalt, meine Glieder fühlen schon den Winter. Im Licht kleiner, dunkler Laternen in den Ghettostraßen sehe ich Schneeflocken fallen. Der erste Schnee, ein Vorbote des Winters, der schon die Schwelle unseres Hauses überschreitet. Hoffen wir, dass der erste Schnee uns nicht Kälte und Trübsal bringt, sondern eine rasche Veränderung.

Samstag, 7. [November] [1942]

Dies ist ein schöner Tag. Der Himmel ist blau, die Sonne scheint kalt, die Luft ist frostig. Der Winter kommt. Heute ist der große Jahrestag, 25 Jahre nach der großen Oktoberrevolution. Es sieht aus, als hätte sich die Welt draußen für den Feiertag feingemacht. Ich stehe am Fester und denke: Das Sowjetland empfängt den Feiertag in einem harten, blutigen Kampf. Wir empfangen ihn im Ghetto. Ein schreckliches Heulen eines Flugzeugs über der Mauer unterbricht meine Gedanken, das stählerne Pfeifen der Propeller zerreißt die Luft, fliegt vorbei und verflüchtigt sich weit, weit weg. Wir sind an das diabolische Herumfliegen am Himmel gewöhnt, an das durchdringende Pfeifen, das den Schrecken des Krieges in unsere Köpfe bohrt. Das neue Land, das jetzt von Blut durchtränkt wird, ist 25 Jahre alt. Blutig und frostig taucht der 7. November auf. Aber ich bin sicher, dass der Oktobersieg auch zu weiteren Siegen anspornen wird.

Morgens kam Gabik zu mir. Heute machte ich mit ihm aus, unsere Aufgaben gemeinsam zu machen. Es ist kalt im kleinen Zimmer. Gabik erzählt mir von sich selbst. Sein Vater ist im Krankenhaus. Er hat ein Herzproblem. Die Zeiten sind hart für sie. Ich war Zeuge all ihrer Nöte seit der Einrichtung des Ghettos, als sie mit kleinen Bündeln ankamen. Gabik ist ausgehungert. Er arbeitet in der Bibliothek und erhält eine doppelte Karte. Seine Arbeit beeinträchtigt sein Lernen. Ich weiß ganz gut, dass Gabik selten genug zu essen bekommt. Aus irgendeinem Grund ist Gabik heute ziemlich traurig und geistesabwesend, aber trotz seiner schwierigen Situation ist er munter und fröhlich. Gabik hofft, dass er eine feste Stelle bekommt, wenn sein Vater das Krankenhaus verlassen hat. Es stellt sich heraus, dass seine Mutter am Morgen ins Krankenhaus gerufen wurde. Gabik steht an, um die Ration zu erhalten, und seine Mutter hat die Karten. Er sucht sie überall, und sie ist nicht zu finden. Und er ist sehr beunruhigt. Kann sie noch im Krankenhaus sein? Aber warum? Wir machen ein paar Aufgaben, und Gabik geht wieder weg, um seine Mutter zu suchen.

Später kam Gabik zurück, wieder konfus und niedergeschlagen. Er hat sie nirgendwo gefunden. Wir machen weiter unsere Aufgaben. Wir fingen an zu frieren. Gabik war besorgt. Wie er empfand ich irgendein drohendes Ungemach, und das erweckte in uns ein ungutes Gefühl. Die Kälte draußen drang in unseren Geist ein. Wir machten unsere Hefte zu. Ich war sehr hungrig. So ging es auch meinem Freund. Wir aßen einen Imbiss, der aus Tellern heißer Suppe bestand, und fingen an, uns wärmer zu fühlen. Währenddessen kam Lute Shrayber[93] herein, die bei Gabik wohnt, und rief ihn nach Hause. Seine Mutter war zurückgekommen und bat ihn heimzukommen. Gabik war bestürzt, ließ seine Hefte liegen und erkundigte sich ängstlich, was geschehen war. Ich tauschte Blicke mit Lute. Ich verstand, dass es Probleme gab. Und als Lute im Zimmer zurückbleiben wollte, um mir etwas zu sagen, hatte Gabik ein Vorgefühl und versuchte, Lute nach draußen vorangehen zu lassen, und er rannte mit abgewandtem Gesicht aus der Tür, und Tränen quollen aus seinen Augen … Ich empfand ein Ziehen im Herzen. Ich blieb in dem kleinen Zimmer allein zurück. Niemand war zu Hause. Es war still, kalt und furchtbar unheimlich, und Traurigkeit schwebte über mir. Ich wurde so trübsinnig und bedrückt. Ich dachte nach, irgendwie fühlte ich die schreckliche Sache, die kommen sollte. Flugzeuge pfiffen grausam am Himmel.

Etwas später kamen Tkatsh[94] und Reyze Stolitski[95] herein und teilten mir mit, dass Gabiks Vater im Sterben lag und wir Gabik im Krankenhaus besuchten sollten. Ich empfand ein schreckliches Frösteln … Was für

93 Lute Shrayber war die Tochter des Ingenieurs Matisyohu Shrayber, des Direktors der Techniker-Schule im Ghetto. Matisyohu Shrayber und sein Sohn Yoysef kamen nach der Auflösung des Wilnaer Ghettos im estnischen Lager Klooga um.

94 Reyzl Tkatsh war Schülerin am Wilnaer Realgymnasium und war Mitglied in Yitskhoks Zehnergruppe. Sie ist umgekommen.

95 Shoshana Stolitski (Yitskhok verwendet den jiddischen Namen Reyze statt des hebräischen Namens Shoshana) besuchte ebenfalls das Realgymnasium zwei Klassen über der Yitskhoks. Sie war Sekretärin des Jugendklubs. Sie überlebte und emigrierte nach Israel. Dort hat sie von ihren Erinnerungen an Yitskhok und seinen Aktivitäten im Jugendklub berichtet.

ein großes Unglück, was für eine Tragödie. Ich ging zum Krankenhaus, aber mir wurde nicht erlaubt, es zu betreten. Ich war sehr traurig, ein kalter Wind peitschte mein Gesicht. Gegen Abend erfuhr ich das erwartete Ende. Gabik hat keinen Vater mehr. Ich fühlte, wie viel Unglück es in der Welt gibt. Wie wird Gabik das durchstehen, er, der so fröhlich ist, so leichten Sinnes? Wie plötzlich wurde ihm so ein schmerzhafter Schlag versetzt direkt vor meinen Augen! Am Abend beschlossen wir, zu ihm zu gehen. Gabik hatte sich bereits hingelegt; wir ließen ihn in Frieden. Wir blieben eine Weile im Nebenzimmer und betrauerten das Unglück. Ich habe viel miterlebt; ich war Zeuge der ganzen plötzlichen Tragödie. Gabik suchte seine Mutter, während gleichzeitig Leute ihn suchten, damit er Abschied von seinem sterbenden Vater nähme. Ich empfand großes Mitleid mit Gabik, mit seiner Mutter. Wie schrecklich ist das Los dieser stillen, einsamen Leute! Wie ehrlich, wie arm sie gelebt haben, wie still und kultiviert sie waren! Wie hart wird es nun für Gabik sein, wie liebte er seinen Vater! Gabiks Unglück traf mich tief ins Herz.

Sonntag, 8. November [1942]

Heute werden im Ghetto zwei Beerdigungen durchgeführt. Am Morgen war die Beerdigung des Polizisten, der erschossen worden ist. Unsere Polizei verwandelte die Beerdigung in eine große Feier. Der Sarg stand auf dem Sportplatz.[96] Der Kantor sang, ein Rabbiner sprach, Repräsentanten der Arbeitsbrigaden und Polizeiführer. „Er fiel als Opfer seiner Pflicht, auf seinem Posten, wir sind stolz auf ihn.“ Polizisten marschierten vorbei in ihren Ledermänteln und mit ihren neuen Mützen. Auf dem Sarg die Polizeimütze des Verstorbenen und das wohlverdiente Armband.[97] An

96 Im Ghetto wurde auf dem Gelände des alten Fleischmarkts in der Strashun Straße nach dessen Abriss ein provisorischer Sportplatz geschaffen. Im Sommer war er voller Menschen. Nach Herman Kruks Tagebuchaufzeichnungen trainierten dort etwa 1200 Menschen – „33 Gruppen zusätzlich zu Schulgruppen, Gruppen aus den Waisenhäusern und Polizeigruppen“. (Herman Kruk, The Last Days of the Jerusalem of Lithuania. Chronicles from the Vilna Ghetto and the Camps, 1939–1944, New Haven 2002, S. 369, Eintrag vom 29. September 1942).

97 Die jüdischen Polizisten trugen um den linken Arm ein weißes Armband mit einem blauen Stern.

den Seiten Feuerwehrmänner mit Fackeln: eindrucksvoll, feierlich, „ein Held" ist gefallen. Die dumme Menge schlendert herbei und drängt nach vorn, um etwas zu sehen, ich empfinde Trauer im Herzen. Die Mauern sind gepflastert mit Todesanzeigen: Dr. Moyshe Heller,[98] der Lehrer und Gelehrte, ist gestorben. Während die Polizei und andere ihresgleichen Zeremonien in den armseligen Gassen abhalten, betrauert ein Teil des Ghettos den Tod von Dr. Moyshe Heller. Die Beerdigung findet heute um drei Uhr statt.[99]

Ich möchte Gabik sehen. Ich stelle mir vor, was für eine harte Zeit er durchmacht. Ich bin noch unter dem lastenden Eindruck all dessen, von dem ich gestern Zeuge war. Während des Tages begannen sie, Leute in das Krankenhaus hineinzulassen, wo Dr. Moyshe Heller lag. Da sah ich auch Gabik. Als er seine Freunde sah, füllten sich seine Augen mit Tränen. Doch bald beruhigte er sich. Wir betraten den Raum. Zwei Kerzen brennen am Kopfende des Bettes. Gabik steht bei uns. Ich kann ihm nicht direkt in die Augen sehen. Ich werde stumm. Wir alle stehen so in gedrückter Stille, die unseren Kummer verschlimmert. Ich dachte die ganze Zeit, wie Gabik aussehen würde, was ich bei unserem ersten Treffen nach dem Unglück sehen würde. Gabik hält sich außerordentlich gut. Sein Gesicht drückt eine schmerzerfüllte Trauer aus, eine leichte Bestürzung.

98 Der aus Galizien stammende Dr. Moyshe Heller lehrte am Jiddischen Lehrerseminar in Vilna und unterrichtete nach dessen Schließung jüdische Geschichte am Jiddischen Realgymnasium. Im Ghetto leitete Heller die statistische Abteilung der Verwaltung. Auf Anordnung des zum Raub von Kulturgütern eingerichteten Einsatzstabs Reichsleiter Rosenberg schrieb er einen Aufsatz zum historischen jüdischen Ghetto in Wilna mit einem Anhang zum Ghetto unter den Nationalsozialisten. Diese Studie ist nach dem Krieg in einem Buch von Rushka Korczak, die zu der von Abba Kovner geleiteten Wilnaer Partisanengruppe gehörte, in hebräischer Sprache veröffentlicht worden: Reyzl (Rushka) Korczak, Lehavot ba-efer [Flammen in der Asche]. Merhavia: ha-shomer ha-tsair, 1946, S. 303–309 (Hinweis des Herausgebers Benjamin Harshav in Kruk, The Last Days of the Jerusalem of Lithuania, S. 58, Fußn. 43).

99 Auch Herman Kruk stellt in seiner Chronik die Inszenierung der Beerdigung des Polizisten Nosn Shlosberg durch die Ghettoführung kritisch der Anteilnahme der Intellektuellen und Kulturschaffenden an der Beerdigung Dr. Moyshe Hellers gegenüber. Kruk, The Last Days of the Jerusalem of Lithuania, S. 404 f.

Er ist ruhig und sieht sehr schlecht aus, blass, mit dunklen Ringen unter den Augen. Es scheint, er hat sich schon daran gewöhnt und erträgt es in Stille. Eine Menge von Leuten versammelt sich im Raum: Schüler, Lehrer, Arbeitskameraden. Die Schüler von „Kaylis"[100] treten mit ihrem Lehrer ein; sie tragen Blumen in den Händen. Das zeigt, dass Dr. Heller ihr jetziger Lehrer war. Und Gabiks Mutter weint, aber wie alles in ihrem Leben leise, ohne irgendeinen Laut, mit Gefühl. Gabik aber ist stark. Er bewies wirklich große Männlichkeit und vergoss kaum eine Träne. Ich mag das sehr. Der Raum füllt sich mit Leuten, die sich um den Sarg drängen. Yashunski und der Lehrer Kaplan[101] reden über den Verstorbenen und schildern ihn als vielseitigen und begabten Menschen, einen Kulturbringer, einen der jüdischen Schule und Kultur ergebenen Mann. Gabiks Vater, ein Krüppel, war dennoch ein Mann mit einem gesunden Geist, einem starken Charakter. Er liebte, was schön, echt und natürlich war. Er hasste die Scheinheiligkeit seines Volkes und der ganzen Menschheit. Gabik hat mir oft von seinem Vater erzählt, von seinen Ausflügen mit ihm, der gesunden Erziehung, die er von seinem Vater bekam. Unsere Reihen lichten sich immer mehr. Vier unserer Größten und Besten haben uns verlassen: Pludermakher, Khayimson, Gershteyn, und Dr. Heller war der Vierte. Opfer des Ghettos.

100 Kaylis (Kailis) war eine außerhalb des Ghettos gelegene Pelzfabrik, die während der deutschen Besatzung Kleidung für die Wehrmacht produzierte. Die jüdischen Arbeiter lebten in einem besonderen Wohnkomplex. Die Arbeitsbedingungen waren verhältnismäßig gut. Es gab auch eine Schule für die Kinder der Arbeiter, an der Dr. Heller unterrichtete. Am 27. März 1944 wurden etwa 200 Kinder ermordet, wahrscheinlich in Ponar. Bei der Fabrik wurde auch nach der Auflösung des Ghettos ein Arbeitslager unterhalten. Es hatte etwa 1500 Bewohner. Eine Woche vor der Befreiung Anfang Juli 1944 wurde es zerstört; die meisten Häftlinge wurden in Ponar erschossen.

101 Yankev Kaplan war ein junger Lehrer, der ebenfalls in der Kaylis-Schule unterrichtete. Er war einer der führenden Kommunisten im Ghetto und Mitglied der FPO. In den letzten Tagen des Ghettos wurde er von den Deutschen festgenommen, als er versuchte, durch die Abwasserkanäle aus der Stadt zu fliehen. Zusammen mit seinen Kameraden von der FPO Ayse Big und Avrom Khvoynik wurde er während der Auflösung des Ghettos am 23. September 1943 öffentlich erhängt. Sutzkever schrieb ein Gedicht mit dem Titel „Subotsh Straße 20" zu Ehren der drei Widerstandskämpfer. Sutzkever, Lider Fun Yam Ha-Moves, S. 143–145.

Der Sarg wird fest verschlossen. Wir wollen Gabik hinausbegleiten, aber er zieht es vor zu bleiben. Er sieht ruhig zu, wie der Sarg hinausgetragen wird, aber ich nehme an seiner Traurigkeit wahr, wie tief er sein Unglück fühlt. Wir kommen vom Tor zurück. Es wird ziemlich dunkel. Es ist kalt. Heute gibt es fast keine Schule. Wir sind nicht in der Stimmung dazu.

Montag, 9. [November] [1942]

Ein Wintertag. Ich zog meinen Wintermantel an und holte meine Stiefel heraus. Ich machte einen Spaziergang durch die Ghettostraßen. Es fällt Schnee. Die Luft ist frostig. Ich fühle den Winter. Meine Wangen brennen. Mein Schritt beschleunigt sich, und mir wird warm und [ich fühle mich] irgendwie unbeschwert. Es scheint mir, dass der erste Schnee etwas Gutes und Ermutigendes ankündigt.

In der Jiddischstunde erzählte uns unsere Lehrerin Mire von Dr. Heller. Dr. Hellers Tod war ein schwerer Schlag für die Lehrerin Mire. Sie blieb die ganze Zeit mit Gabik in der Wohnung seines Vaters. Während die Lehrerin Mire redete, betrat Gabik die Klasse. Die Lehrerin verlor nicht die Fassung und fuhr fort, ihre Geschichte zu erzählen, nachdem sie Gabik erklärt hatte, was hier vor sich ging. Gabik hörte zusammen mit uns zu: traurig, ruhig wie vorher. Gabik arbeitet nun wieder in der Bibliothek; er hat die feste Stelle seines Vaters bekommen. Gabik erholt sich. In jüdischer Geschichte haben wir angefangen, den Prozess gegen Herodes vorzubereiten. Uns erwartet ein interessantes Stück Arbeit. Ich bin als Ankläger ausgewählt worden und Gabik als Herodes.

Dienstag, 10. [November] [1942]

Heute ist ein kalter Tag. Morgens kochte ich Essen auf unserer elektrischen Kochplatte und machte gleichzeitig meine Aufgaben. Der erste Teil des Tages zieht sich hin, und ich bin froh, zur Schule zu gehen. Die Stunden sind ganz interessant. In Geschichte lernen wir einige interessante Fakten über Rom – in jüdischer Geschichte über Herodes. Nach der Schule gehe ich in den Klub. Draußen ist es kalt, zu Hause ist es kalt, deshalb will ich zum Klub rennen, wo man nichts fühlt. Unser Ghettoforschungskreis ist aktiv bei der Arbeit. Wir hoffen, durch unsere Bemühungen eine wertvolle historische Studie über den Hof der Shavler 4 zu erstellen. Heute fand das Treffen zur Gründung des Arbeitskreises zur jüdischen Geschichte statt. Wir haben beschlossen zu lernen, jüdische Geschichte zu studieren und uns mit den Problemen in der jüdischen Geschichte zu befassen, die uns interessieren und auf Aktuelles anwendbar sein können, besonders die jüngste jüdische Geschichte. Wir fangen an mit Josephus Flavius. Wir möchten auch einen Prozess gegen ihn vorbereiten.[102]

Ich bin auch für die Leitung des Literaturkreises ausgesucht worden. Wir sammeln Material zur Folklore. Bei solchen Aktivitäten friert man nicht. Ich verlasse den Klub. Die Leute laufen wegen der Kälte aneinandergedrängt. Es ist kalt und widerwärtig. Bei den dunklen, traurigen Ghettolaternen, an den Straßenecken ist es lebhafter. Wie Fliegen um eine kleine Lampe herum halten sich arme Ghettohändler, meist Kinder, ans Licht. Das bläuliche, matte Licht erhellt die Lumpen der Kinder oder Frauen, beleuchtet die kleinen, von der Kälte geröteten Hände, die Geld zählen und Wechselgeld herausgeben. Verfroren, die kleinen Stände auf ihrem Rücken tragend, drängen sie zu der winzigen Ecke, die erleuchtet ist. So stehen sie da, bis sie das Pfeifen hören,[103] und dann verschwinden sie mit ihren Körben in die schwarzen Ghettogassen. Am nächsten Tag sieht man sie wieder bei dem traurigen Licht, wie sie einen Fuß gegen den anderen schlagen und in ihre gefrorenen Hände atmen. Ich renne durch die kalte, traurige Ghettogasse und renne nach Hause direkt ins Bett, um so schnell wie möglich einzuschlafen, denn im Schlaf hat man Träume und süßere Hoffnungen, als wenn man wach ist.

Mittwoch, 11. [November] [1942]

In der Schule und im Klub haben wir jetzt eine Menge zu tun. Wir haben unser Jiddisch-Lehrbuch durchgearbeitet. Wir müssen drei Referate vorbereiten: 1. „Szenen des Mangels bei Avrom Reyzen“. 2. „Jüdische Kinder

102 Der Unterricht sollte die Kenntnis der jüdischen Geschichte fördern. Zugleich zielte die Inszenierung eines Prozesses gegen Josephus Flavius wie auch der oben erwähnte gegen Herodes auf ein Urteil über die Ghettoführung, insbesondere über den Vorsteher des Ghettos Yankev Gens.

103 Ein lang anhaltender Sirenenton kündigte im Ghetto die Sperrstunde an.

bei Avrom Reyzen".[104] 3. „Jüdische Kinder bei der Arbeit." Außerdem bereiten wir in jüdischer Geschichte den Prozess gegen Herodes vor. Das wird ein öffentlicher Prozess. Wir haben einen Gerichtshof, einen Ankläger, einen Verteidiger, den Angeklagten und eine ganze Reihe von historischen Persönlichkeiten, die als Zeugen dienen. Wir haben die Aufgaben schon verteilt. Mich erwartet die schwierigste Aufgabe – die Anklage auszuarbeiten und eine Reihe von Fragen an die Zeugen der Anklage vorzubereiten. Man muss Graetz[105], Dubnow[106] und andere studieren. In unserer Schule herrscht lebhafte und interessante Aktivität.

Donnerstag, 12. [November] [1942]

Es ist kalt. Es bahnt sich ein harter und grausamer Winter an. Das Haus ist kalt. Wenn ich am Morgen aufstehe, ist es noch dunkel. Ich mag das Bett nicht verlassen. Die Scheiben sind mit Raureif geschmückt. Der Winter ist die grausamste Jahreszeit für die Ghettobewohner. Häuser ohne Öfen, ohne Fenster, wir haben kein Holz, kein Hab und Gut. Wir heizen unseren Ofen nicht. Es lohnt sich nicht zu heizen, es gibt kaum irgendwelche Wärme. Wir sollten einen eisernen Ofen aufstellen. Eine Fensterscheibe in unserem Zimmer ist zerbrochen. Wir haben auch

104 Der in der Nähe von Minsk geborene Avrom Reyzen (1875–1953) war ein bekannter Dichter und Autor von Kurzgeschichten in jiddischer Sprache. Zu seinen wichtigsten Themen gehört der in lyrischem, aber gedämpftem Ton gehaltene Lobpreis der Freuden und Sorgen des einfachen Volkes, insbesondere in Litauen. Er emigrierte 1911 nach New York und schrieb dort vor allem für die Monatszeitschrift *Forverts*.

105 Heinrich Graetz (1817–1891) war ein deutsch-jüdischer Historiker. Er verfasste eine elfbändige „Geschichte der Juden. Von den ältesten Zeiten bis auf die Gegenwart", im 19. Jahrhundert das Standardwerk zur Geschichte der Juden. Eine kürzere Version in drei Bänden erschien 1881–1889 unter dem Titel „Volkstümliche Geschichte der Juden".

106 Simon Dubnow (1860–1941) war ein aus Weißrussland stammender jüdischer Historiker. Schon 1881 begann er, Heinrich Graetz' „Volkstümliche Geschichte der Juden" ins Russische zu übersetzen. Sein Hauptwerk war eine 1925–1929 publizierte zehnbändige „Weltgeschichte des jüdischen Volkes". Dubnow lebte seit 1922 in Berlin. 1933 floh er nach Riga, wo er am 8. Dezember 1941 bei den Massenerschießungen durch die deutsche Sicherheitspolizei und den SD im Wald von Rumbula ermordet wurde.

nicht viel Holz. Wenn ich in der Küche stehe und koche, friere ich. Ich bringe die Mahlzeiten zur Bäckerei zum Kochen. Ich tue Kartoffeln hinein, Erbsen, Gerste, ein Stück Fleisch, und es ist vorzüglich. Heute sind im Ghetto 10 Kilo Kartoffeln pro Person verteilt worden. Ich stand heute einen halben Tag an, ohne sie zu bekommen. Während dieser Zeit war ich gut durchgefroren. Duzende Leute standen an. Ich beobachte die Leute, die mit mir anstehen. Sie stehen in abgetragenen alten Kleidern in der Kälte. Alles, was man um sich herum sieht, sind vor Kälte bläuliche Gesichter. In der Warteschlange entsteht ein Tumult. Frauen zanken, fluchen, stampfen mit den Füßen. In der ersten Stunde wurden ganz gute Kartoffeln verteilt. Später begannen sie die nassen, die gefroren waren, auszugeben. Taub vor Kälte ging ich nach Hause. Ich entschied, dass es sich nicht lohnte, sie zu verlangen. Wir hatten genug Kartoffeln von der Brigade erhalten. Ich habe einen halben Tag verschwendet und bin eingefroren. Das Haus ist auch kalt. Ich bin traurig. Ich kann mich kaum mit einer Tasse Suppe aufwärmen. Die Kälte streift mir ein Bahrtuch des Trübsinns über. Ich bin allein zu Hause. Ich kann mich nicht dazu bringen, irgendetwas zu tun. Ich kann es so kaum aushalten, bis ich zur Schule gehe. Da ist es auch kalt, aber beim Lernen wird es irgendwie wärmer. Was für ein Gefühl des Trübsinns überkommt das Ghetto mit der Ankunft des Winters! Die Leute rennen zitternd und seufzend über die Straße. Jeder hat seine Sorgen. Doch gegen Abend heitern die Dinge sich auf. Die Arbeiter kommen mit glücklichen, guten, verlässlichen Nachrichten zurück.

Amerikanische Luftlandetruppen sind in West-Afrika gelandet, in Tunis[107], Algerien und Marokko. Spanien und Portugal haben ultimative Aufforderungen bekommen, den Feldzug nicht zu stören. Die englisch-amerikanischen Kräfte haben einen großen Feldzug gegen die deutsche und italienische Armee in Afrika begonnen. Sie gehen von zwei Seiten gegen die Deutschen vor. Im Osten greifen die Engländer von Ägypten aus an und im Westen die Amerikaner von Tunis in Richtung auf Tripolitanien. Die Deutschen erleiden schreckliche Schläge. Die deutsch-italienische Armee ist in Gefahr, ins Meer zu fallen. Die Amerikaner operieren

107 Gemeint ist Tunesien.

mit einer starken Luft- und Seeflotte. Nach gewaltigen Schlachten eroberten die Amerikaner und Engländer Tobruk und Sallum und eine Anzahl weiterer Stellungen. Die Vichy-Regierung erließ einen Befehl an die französische Flotte und Landarmee, den Engländern und Amerikanern Widerstand entgegenzusetzen. Die Franzosen leisteten keinen Widertand. Die englisch-amerikanische Flotte operiert frei im Mittelmeer. Eine Invasionstruppe drang auch in Korsika ein. Die Deutschen befürchten eine Invasion in Frankreich und haben die Kontrolle über das unbesetzte Frankreich übernommen. Angriffe auf Italien werden erwartet.

Was in Afrika passiert, ist in der Tat weit weg von uns. Die Leute sagen jedoch, dass der Feldzug zur Liquidierung der Deutschen in Afrika der Forderung der Sowjetunion entspricht. Denn wenn die Engländer in Afrika Schluss machen, wird erwartet, dass in Europa eine zweite Front eröffnet wird, und dann ... Es kann uns immer noch gelingen, dass Ghetto zu verlassen. Es ermutigt uns zu hören, dass die Schlacht vorangeht, dass unser Funken Hoffnung noch glüht.

Sonntag, 14. [November] [1942]

Heute saß ich den ganzen Tag zu Hause. Ich war gehörig durchgefroren und diesmal nicht wegen meines Anstehens für Kartoffeln, sondern wegen des Schreibens der Jiddisch-Hausaufgabe. Gabik Heller und ich schrieben heute den ersten Jiddisch-Aufsatz. Es macht nicht viel Spaß, in der Kälte an einem Ort zu sitzen und nachzudenken.

Sonntag,15. November [1942]

Heute gibt es einen Aufruhr im Haus. Unsere Nachbarn stellen einen eisernen Ofen auf. Sie verlangen von uns, dass wir die zweite Tür unseres Zimmers öffnen, um ihnen zu ermöglichen, die Tür zu versperren, durch die wir jetzt die Toilette betreten, denn anders, sagen sie, könnten sie den Ofen nicht ordentlich aufstellen. Wir müssen ihnen nachgeben. Das Haus ist verärgert. Unsere Anrichte wird verschoben. Alles ist durcheinander. Ein Schmied ist heute damit beschäftigt, die Schlösser im Haus auszutauschen (wir werden nun einen separaten Eingang durch die Küche haben), ein Tischler repariert die Schlösser an den Fenstern, ein Glaser repariert die Fenster. Alle knallen [die Türen], schreien. Es ist wirklich die Hölle.

Montag, 16. [November] [1942]
Die Unterrichtsstunden in der Schule sind jetzt nicht normal. In den nächsten paar Tagen werden wir zum Lernen in die neuen Räumlichkeiten in der Daytshe Straße 21 ziehen.

Dienstag, 17. [November] [1942]
Heute saß ich den ganzen Tag über Dubnows „Geschichte", und ich sammelte Material für den Prozess gegen Herodes und Flavius. Die Arbeit ist sehr interessant.

Mittwoch, 18. [November] [1942]
Heute begannen wir mit dem Lernen in der Daytshe Straße 21. Wir haben von 8.45 Uhr bis 12 Uhr Unterricht. Die Klassenräume sind groß, schön und erinnern mich an die alte Schule. Aber es war heute noch sehr kalt.

Freitag, 20. [November] [1942]
Heute hatten die Eltern bei der Arbeit einen lustigen Vorfall. Ein Deutscher kam in Lumpen, fast nackt. Partisanen haben ihm seine Kleider weggenommen. Er kam mit einem Zettel, dass er bekleidet werden solle. Die jüdischen Arbeiter hatten ihren Spaß. Mutter erzählt oft von ihren Beziehungen zu deutschen Frauen. Sie erzählen ihr auch von ihrem Leben. Sie müsse eine schwarze Bluse tragen, sagte eine, weil gestern ihr Ehemann gefallen sei, morgen wird ein Bruder fallen, danach ein Onkel und so weiter und so weiter. Das deutsche Volk muss trauern.

Montag, 23. [November] [1942]
Heute Abend haben sie in unserem Haus einen Herd installiert. Gerade fiel der Strom aus. Die Leute arbeiten bei Kerzenlicht an dem Herd. Das Zimmer ist voll von Lehm und Ziegeln. Und hier sitze ich mit meinem Geschreibsel mitten im Tohuwabohu. Neuerdings habe ich einen Haufen Arbeit von der Schule und vom Klub. Wir verbringen ganze Tage über Geschichtsbüchern. Wir bereiten verschiedene Berichte und Prozesse vor. Außerdem bin ich der Verantwortliche für den Kreis kreatives Schreiben im Klub unter Leitung des Dichters Sutskever, und ich muss ständig mit ihm in Verbindung sein. Die Zeit des Lernens am Morgen ist ganz

angenehm. Doch fliegt der Rest des Tages schnell vorbei. Ich habe nicht einmal Zeit, mein Buch aus der Bücherei zu beenden. Ich habe jede Menge Berichte in Jiddisch und Geschichte am Hals. Und alles passiert gleichzeitig. Jeden Abend gehe ich wie gewöhnlich in den Klub und besuche die Geschichtskreise, den Naturwissenschaftskreis und den literarischen. Ich bleibe oft zu den Proben des Theaterkreises dort. Es ist lustig, fröhlich. Wir warten ungeduldig auf die Fertigstellung unserer Räumlichkeiten in der Disner Straße.

Dienstag, 24. [November] [1942]

Das Ghetto ist in fröhlicher Stimmung, auch die Kinder. Das Ghetto hallt wider von guten Nachrichten, das Ghetto strahlt Hoffnung aus: Wir fangen schon fast an, uns vorzustellen, dass wir jetzt unser Gefängnis verlassen werden. Die Amerikaner marschieren auf Tunis zu. Die französische Flotte in Dakar hat kapituliert. Die südafrikanische Armee greift die Deutschen von Süden aus an. Rom wird beständig bombardiert. Und das Wichtigste: Die Deutschen haben in Stalingrad eine Niederlage erlitten. Zwei sowjetische Armeen sind in der Rostow-Stalingrad-Region zusammengetroffen und haben den Feind eingekesselt. Tausende gefallener und gefangen genommener Deutscher. Die Sowjets unternehmen schwere Angriffe gegen den Mittelabschnitt der Ostfront: Das Ghetto fühlt mit allen Sinnen, dass das Ende näherkommt, oder besser, dass unser Anfang nahe ist.

Am Abend unternahm ich einen Spaziergang durch die Ghettogassen. Der Abend ist wunderbar. Es herrscht leichter Frost. Es ist hell. Der Schnee funkelt überall, wo er nicht zertrampelt ist. Der Abend ist erfrischend. Ich fühle mich so unbeschwert. Der Abend hat mich gleichsam verzaubert. Die Ruinen in der Yatkever Straße funkeln im Frost wie mit Diamanten besetzt. Es ist still und menschenleer. Die schneebedeckten Ruinen stehen da unter einem frostigen, blauen Himmel, an dem ein großer runder Mond schwebt, der in Abständen durch einen anderen Riss in der Ruinenwand scheint. Ich mochte es so sehr, an einem solchen Abend mit einem Gefährten irgendwo an einem stillen Ort außerhalb der Stadt spazieren zu gehen. Es ist angenehm, wenn einem die Wangen brennen. Mit jedem Atemzug atmet man frostige Abendfrische ein.

Heute empfinde ich dasselbe, obwohl ich an einer Ruine vorbeikomme, aber mein Herz fühlt sich seltsam wohl, denn in solch einer Nacht kann ich mir ausmalen, dass sehr bald etwas Neues geschieht ... Ich spüre, es ist zum Greifen nah. Ich taste mit meiner Hand danach in der Kälte.

Mittwoch, 25. [November] [1942]

Der Ghettotag begann heute mit Unruhe, mit Panik, mit tödlichem Schrecken. Die Tore sind geschlossen, die Straßen gesperrt, die Ghetto-Kooperative geschlossen, alle Angestellten des Judenrats im Theater festgesetzt und ihrer Ausweise beraubt. Im Ghetto herrscht tödliche Stille. Heute haben sich Hunderte von Leuten in ihren Verstecken verkrochen. Es schien ein Sturm über das Ghetto hereinzubrechen. Alles endete mit einem großen Gelächter. Gens wies Mushkat[108] an, mithilfe der Angestellten des Judenrats eine Inspektion durchzuführen, [um festzustellen,] wer von der Ghettobevölkerung nicht arbeiten ging. In seinem Verlangen, alle Angestellten des Judenrats zusammenzubringen, nahm er ihnen ihre Ausweise ab. Mit seinem „Organisationstalent" schuf er eine schreckliche Panik, und der Witz war, dass er selbst im Lidske-Gefängnis eingesperrt wurde.

Donnerstag, 26. [November] [1942]

Heute ließ ich einen Topf zum Kochen in der Bäckerei. Am Abend ging ich, um ihn abzuholen – das war nicht möglich, weil Murer am Tor ist. Mit großen Schwierigkeiten schaffte ich es, zur Bäckerei zu gelangen. Es stellte sich heraus, dass auch unsere Herren in der Bäckerei kochen. Als sie anfingen, die heißen schwarzen Töpfe aus dem Ofen zu ziehen, entstand ein Wirbel wegen des Auflaufs von Major Frukht[109] und des Topfs von Kommandant Mushkat, die *sofort*[110] in den Ofen zurückzustellen waren, sodass sie um Gotteswillen nicht kalt würden, und in der Zwischenzeit

108 Der Anwalt Yoysef Mushkat war ein Flüchtling aus Warschau. Er war Offizier der Ghetto-Wache.

109 Izidor Frukht, früher Major der polnischen Armee, war Offizier der Ghetto-Wache. Er nahm an der ersten Erörterung über die Bildung der Partisanen-Organisation teil.

110 Im Original deutsch.

erfahren wir, dass die Verhältnisse am Tor sehr schlecht sind. Leute werden geschlagen und weggeschafft. Das Ghetto ist daran gewöhnt. Trotzdem beginnt das Ghetto sofort zu zittern. Leute werden am Tor geschlagen. Diese Worte fallen den keuchenden und verzweifelten Arbeitern aus dem Munde, die verwirrt und verstört vom Tor her kommen, von dem eine Art Summen und Schnaufen zu hören ist. Traurige Leute strömen heraus, wilde Schreie, das Klatschen einer Knute ist zu hören ... Leute werden am Tor geschlagen. Nach Murers Kommando prügeln jüdische Polizisten und nehmen das Stück Brot weg, das der einfache Arbeiter bei sich trägt.

Freitag, 27. [November] [1942]
Heute verbrachte ich den ganzen Nachmittag damit, Lehm für den Klub zu tragen. Endlich werden dort Öfen aufgestellt.

Montag, 30. [November] [1942]
Das Ghetto hallt wider von guten Nachrichten. Die Sowjets haben die Front in Lettland in der Nähe von Welikije Luki[111] durchbrochen. Sie kommen, sie kommen immer näher.

Dienstag, 1. Dezember [1942]
In der Schule haben wir heute eine Klassenarbeit zum Thema „Szenen der Entbehrung" gehabt. Ich schrieb ausführlich. Ich fand thematische Parallelen zu Reyzens Geschichten. Ich stellte eine Verbindung her und folgerte, dass unser Ghetto die letzte der Generationen des Mangels ist. Wir werden diejenigen sein, die, aus dem Ghetto hervorgehend, das Elend abschütteln, das seit Generationen auf dem jüdischen Volk lastet.

Freitag, 4. Dezember [1942]
Mutter geht es nicht gut. Deshalb konnte ich nicht zur Schule gehen. Natürlich verbrachte ich den Tag über Töpfen und Pfannen. Das fällt mir jetzt viel leichter. Ich koche auf dem eisernen Herd im Haus. Wenn

111 Welikije Luki, eine Stadt am Fluss Lowat im westlichen Russland, ist ca. 150 km von der Grenze Lettlands entfernt. Die deutsche Besatzung von Welikije Luki kapitulierte erst am 17. Januar 1943.

er angeheizt ist, wird das kleine Zimmer warm. Wegen meines Lernens haben das Kochen und die Hausarbeit begonnen, mich nervös zu machen. Es liegt mir nicht sehr, das zu machen. Heute Mittag kochte ich Linsen mit Klößen und brachte Mutter ein Mundwasser und Tee. Während des Tages schrieb ich die aufgetragenen Aufgaben ab und ging zum Klub. Nach so einem langweiligen Tag erfrischt man sich unter Freunden in den Sektionen des Klubs.

Samstag, 5. [Dezember] [1942]
Ein weißer Winter schaut auch bei uns im Ghetto herein. Der Schnee fällt und fällt und hüllt die schwarzen Ghettogassen in Weiß. Die Kinder erfreuen sich am Weiß, das sie im Ghetto sehr selten sehen. Doch uns gefällt es auch. Die Ruine an der Ecke Yatkover/Disner ist schneebedeckt und bildet kleine Hügel und Täler, und kleine Kinder gehen dort Schlittenfahren.

Ich habe am Abend viel Arbeit. Ich überarbeite meine Anklage gegen Herodes. Es gibt viele Aufgaben. Chemie und Geografie sind zu unseren Schulfächern hinzugekommen. Aber ich habe keine Lust, im Haus zu sitzen. Ich möchte einen Spaziergang machen. Ich gehe bis zum Sportplatz. Ich stehe allein unter einem grauen, sternenklaren Himmel. Im Licht des Mondes kann man sehen, wie Diamanten vom Himmel fallen. Der Platz ist weiß von Schnee. Ich nehme einen tiefen Atemzug. Ich empfinde frostige Frische. Ich beginne über den knirschenden Schnee zu rennen. Wie ich das Knirschen des Schnees liebe!

Ich erinnere mich an die gute alte Zeit, eine Schlittenfahrt. Belmont.[112] Lehrer Biber[113] klettert mit uns die Hügel hinauf. Unsere Wangen brennen, und der Schnee knirscht weiter unter unseren Füßen. In frostiger Pracht liegt die Winterlandschaft ausgebreitet unter den Hügeln.

112 Ein Hügel, der eine schöne Aussicht auf Wilnas Außenbezirke bietet.

113 Yisroel Biber, ein Lehrer der Naturwissenschaften und der Geografie am Seminar in Wilna, später am Realgymnasium, pflegte seine Schüler und Lehrerkollegen auf Exkursionen in die Umgebung mitzunehmen. Einige Jahre lang war er Direktor des Seminars. Auch verfasste er einige Lehrbücher für den Biologieunterricht. Biber starb in einem der Lager in Estland.

Ich stehe auf der Spitze des Hügels und schöpfe so erfrischt Atem. Jetzt, während ich auf dem Sportplatz im Ghetto stehe, fühle ich mich ähnlich erfrischt. Ich habe gerade die Magie des Winters im Ghetto empfunden. Ich gehe heim. Es ist spät. Bald Zeit für das Pfeifen. Einige Verkäufer stehen an den Straßenecken mit ihren an ihnen befestigten Steigen. Wir sind zu dritt in der Gasse. Ich gehe heim, und ein Passant kauft etwas von einem armen Mädchen. Beim Licht der Laterne gibt sie ihm Wechselgeld mit ihren erfrorenen kleinen blauen Fingern, und ich sehe beim Licht der Laterne, wie ihre Hände zittern, ihr ganzer kleiner Körper bebt, sie ist völlig unfähig, das Geld abzuzählen. Ich beeile mich, nach Hause zu kommen, denn ich höre das Pfeifen der Sirene.

Sonntag, 7. [Dezember] [1942]
In unserem Kreis zur Ghettoforschung haben wir beschlossen, unsere Vorarbeiten ein für alle Mal abzuschließen, d.h. den Besuch von Häusern mit den Fragebogen. Wir wollen damit beginnen, die Antworten auszuwerten, um Geschichte auf der Grundlage der Daten zu schreiben.

Heute besuchten mein Freund und ich eine neue Wohnung. Wir bekamen sehr gute Antworten. Indem wir unter Ghettoleuten die Runde machen und mit ihnen über ihr Leben sprechen, nehmen wir den Ghettomenschen mit seiner Denk- und Sprechweise wahr. Normalerweise befassen wir uns bei unseren Fragen nicht mit der Familie. Es gibt jedoch Leute, die möchten, dass ein Bericht über ihre Familien erstellt wird; sie wollen Teil der Geschichte sein. Andere, auf der anderen Seite, sind schrecklich vorsichtig und außerordentlich diplomatisch. In ihren Antworten findet sich kein belangloses Wort: Alles ist ausgewogen und wohlüberlegt. Wenn wir sie fragen, wo sie vor dem Ghetto lebten, antworten sie nicht. Wenn man sie fragt, in welcher Brigade sie arbeiten, antworten sie nicht. Sie betrachten uns als Leute, deren Aufgabe es ist, Steuern zu erheben. Der Ghettomensch ist voller Misstrauen.

Auf der anderen Seite antworteten heute z.B. einfache Juden auf so freundliche und angenehme Weise. Sie waren daran interessiert, uns zu antworten. Aber sie fühlten von ganzem Herzen, dass sie uns antworten sollten. Sie schütteten uns ihr Herz aus, mit allen Einzelheiten erklärten sie all ihr Unglück, die komplizierten Tragödien, die sich bei

Hinzufügung zusätzlicher Namen zu ihren eigenen ereigneten.[114] „Was soll man sagen, Kinder? Das hat der Führer aus uns gemacht. Möge ihm dasselbe geschehen. Das wird eine Geschichte, die uns betrifft. Schreibt, schreibt, Kinder. So ist es gut." Wir beendeten die Befragung der Mitglieder einer Familie und dankten ihnen. „Oh, dankt uns nicht. Versprecht uns, dass wir das Ghetto verlassen werden, und ich werde euch dreimal so viel erzählen, elende Leute, die wir sind." Wir versicherten der Frau zehnmal, dass wir das Ghetto verlassen werden.

Gegen Abend hatten wir eine neue Schwierigkeit. Mutter kaufte Eintrittskarten für die Brigade. Man gab den Männern Karten für Frauen und umgekehrt. Es bestand die Gefahr, dass die Karten wertlos werden könnten. Aber die Männer und Frauen gingen zufällig zur selben Zeit (in zwei Bäder) und tauschten ihre Eintrittskarten aus. Dabei gab es viel Übermut beim Betreten des Bads. Leute rannten hin und her.

Das Bad ist auch ein Ort für Neuigkeiten und Politik. Natürlich ist das Teehaus die erste Quelle. Doch heute hatten wir unterschiedliche Arten von Neuigkeiten im Bad. Leute sprechen über verschiedene jüdische Unglücksfälle. Das Ghetto in Postov[115] wurde in Brand gesetzt. Es gibt Geschichten über Pogrome, über Juden, die im Wald herumliegen und als Partisanen beschossen werden und gerettet werden müssen und andere traurige Dinge dieser Art.

Montag, 8. [Dezember] [1942]

Spät am Abend gehen wir vom Klub nach Hause. Das Pfeifen ist lange vorbei. Die Straße ist tot. Der Schnee knirscht unter unseren Füßen. Die Ghettostraßen sind eingehüllt in Nacht und Frost. Ich nähere mich der Kreuzung. Aus einer dunklen Ecke erscheint ein Polizist. Er kommt nah heran, wobei er die Stille mit seinen Holzschuhen durchbricht. „Einen Passierschein", brummt er. Ich sage ihm schnell die Parole. Und er hält

114 Inhaber „gelber" Arbeitsausweise hatten das Recht, auf ihren Karten auch ihre Ehefrauen, Kinder und Verwandte zu vermerken. Diese hinzugefügten Personen genossen ebensolche (zeitweilige) Immunität wie der Karteninhaber.

115 Postov (Pastawy) ist eine 120 km nordöstlich von Wilna gelegene Stadt, die heute zur Republik Belarus gehört.

unter dem Licht der Lampe an, und plötzlich kommt ein Hund aus der Dunkelheit angerannt. Wir schauen ihn beide an, als sei er irgendeine seltsame Erscheinung. Der Polizist ruft ihn, pfeift nach ihm, aber der Hund senkt seinen Schwanz vor Kälte und rennt in die Dunkelheit davon. Der Polizist lacht: ohne Passierschein!

Mittwoch, 10. Dezember [1942]

Es dämmerte mir, dass heute mein Geburtstag ist. Heute werde ich 15 Jahre alt. Man bemerkt kaum, wie die Zeit verfliegt. Sie, die Zeit, läuft unbemerkt voran, und dann realisieren wir, wie ich zum Beispiel heute, dass Tage und Monate vergehen und dass das Ghetto kein schmerzhafter, kurzlebiger Augenblick eines Traums ist, der immerfort verschwindet, sondern ein großer Sumpf, in dem wir unsere Tage und Wochen verlieren. Darüber habe ich heute tief nachgedacht. Ich entschied, meine Zeit im Ghetto nicht zu vertrödeln, und ich fühle mich irgendwie glücklich, dass ich studieren kann, lesen, mich weiterentwickeln, und sehe, dass die Zeit nicht stillsteht, solange ich normal mit ihr vorwärtsgehe. In meinem alltäglichen Ghettoleben scheint es mir, dass ich normal lebe, aber häufig habe ich tiefe Zweifel. Sicherlich könnte ich besser gelebt haben. Muss ich Tag für Tag dieses vermauerte Ghettotor sehen, muss ich in meinen besten Jahren nur diese eine Gasse sehen, diese wenigen stickigen Höfe?

Noch andere Gedanken schwirrten durch meinen Kopf, aber zwei Dinge fühlte ich ganz stark: ein Bedauern, eine Art Nagen. Ich möchte manchmal schreien, die Zeit solle verweilen, nicht rasen. Ich wünsche, mein vergangenes Jahr zurückzuholen, und es für später zu bewahren, für das neue Leben. Mein zweites Gefühl heute ist eines von Kraft und Hoffnung. Ich empfinde keinerlei Verzweiflung. Heute wurde ich fünfzehn Jahre alt, und ich lebe voller Vertrauen in die Zukunft. Ich habe keinen Zweifel daran und vor mir sehe ich Sonne und Sonne und Sonne …

Donnerstag, 11. Dezember [1942]

Heute hatten wir einen Klubfeiertag in der Küche der Rudnitski 6. Wir wollten ein bisschen Spaß haben. So verschafften wir uns bei der Verwaltung 100 kg Kartoffeln und machten einen Auflauf. Es war der glücklichste Abend, den ich im Ghetto verbracht habe.

Um 9 Uhr trafen wir uns in der Küche. Die Leute sitzen schon an den Tischen. Viele, viele Gäste sind gekommen. Und hier sitzen wir zusammengedrängt. Ich blicke mich in der Menge um, all unsere netten Lehrer, Freunde, Vertrauten. Es war so gemütlich, so warm, so angenehm. An diesem Abend haben wir gezeigt, was wir sind und was wir zustande bringen können. Klubmitglieder kamen mit Liedern und Rezitationen. Bis spät in die Nacht sangen wir mit den Erwachsenen Lieder, die von Jugendlichkeit und Hoffnung sprechen. Sehr schön war die lebende Zeitung, in der der Klub mit seinem Vorsitzenden und seinen Sprechern humorvoll kritisiert wurden. Wir saßen an den kargen Tischen und aßen Auflauf und [tranken] Kaffee und wir waren so glücklich, so glücklich. Lied nach Lied erklang. Es ist schon 12 Uhr. Wir sind sozusagen von der Freude der Jugend berauscht. Wir wollen nicht heimgehen. Die Lieder sprudeln weiter hervor, sie wollen einfach nicht enden. Spät in der Nacht gehen wir auseinander. Wir haben gezeigt, dass wir jung sind, „zwischen Mauern doch jung, für immer jung".[116] Unser Wahlspruch, mit dem „wir die Sonne begrüßen werden". Heute haben wir gezeigt, dass wir sogar in den drei Gassen unsere jugendliche Begeisterung aufrechterhalten können. Wir haben bewiesen, dass aus dem Ghetto keine Jugend hervorgehen wird, deren Geist gebrochen ist, aus dem Ghetto wird eine starke Jugend hervorgehen, die zäh und fröhlich ist.

Sonntag, 13. [Dezember] [1942]

Auf der Straße taut es. Es fällt nasser Schnee. Und die Straßen sind voller Schmutz und Matsch. Im Matsch stehen lange Menschenschlangen bei der Kooperative. Heute werden Kartoffeln und Pferdefleisch ausgegeben. Am Laden stehen zwei Fuhrwerke, eines mit nassen, gefrorenen Kartoffeln, das andere mit rotem, blutigem Pferdefleisch. Die Kartoffeln werden in die Keller geschüttet. Gruppen von Frauen, Kinder in Lumpen jagen den Kartoffeln nach, die in den Matsch fallen. Ein Polizist vertreibt sie. Aber sie werfen sich weiter auf die herunterfallenden Kartoffeln. Der

116 Anspielung auf den Namen der Wandzeitung im Jugendklub, zu deren Herausgebern Yitskhok Rudashevski gehörte: „Zwischen Mauern und doch jung". Der Spruch wurde auch generell als Wahlspruch der Jugend verwendet.

Polizist schimpft mit ihnen. „Nicht einmal eine verfaulte Kartoffel lassen sie uns nehmen“, klagt eine Frau mit einem gelben, hungrigen Gesicht. Auch um das Fuhrwerk mit Fleisch herum gibt es irgendeine Unruhe. Zerlumpte Gassenjungen mit brennenden kleinen Augen treiben sich in der Nähe des Fuhrwerks herum. Sie sagen etwas zum Fahrer des Fuhrwerks, einem christlichen Jungen in einer Steppjacke mit großen, schweren Stiefeln und einer großen Peitsche. Bald sehe ich, was hier passiert. Das christliche Bürschchen lungert um das Fleisch herum, reißt ein Stück von der Ecke ab und legt es in die Tasche des jüdischen Jungen.

Heute hat das Ghetto die 100 000ste Buchausleihe in der Ghettobibliothek gefeiert. Die Feierlichkeit wurde im Theatersaal abgehalten. Wir kamen von unseren Schulstunden. Es wurden verschiedene Reden gehalten, und es gab auch ein künstlerisches Programm. Die Redner analysierten den Ghettoleser. Hunderte von Menschen lesen im Ghetto. Für mich ist das Bücherlesen im Ghetto das größte Vergnügen. Das Buch verbindet uns mit der Zukunft, das Buch verbindet uns mit der Welt. Die Ausgabe des 100 000sten Buchs ist eine große Leistung für das Ghetto, und das Ghetto kann zu Recht stolz darauf sein.

Mittwoch, 16. [Dezember] [1942]

Gegen Abend, wenn die Leute von der Arbeit zurückkehren und zu Ende gegessen haben, fangen sie an, über das Leben bei der Arbeit außerhalb des Ghettos zu reden. Sehr interessant sind die verschiedenen Szenen, Unterhaltungen mit Deutschen und überhaupt Geschichten. In der Schneiderstube sagt ein Deutscher, er sei hungrig. „Wie ein Jude möchte ich mich vollfressen.“ Für sie ist der Jude die Verkörperung eines hungrigen Menschen. Sie glauben, ein Jude empfinde nur Hunger. Mutter traf eine deutsche Frau, die mit einem kleinen Mädchen kam. Das kleine Mädchen bat: „Pipi machen, Pipi machen.“ Als Mutter ihr aber sagte, dass die Toilette irgendwo weit weg im Hof sei, sagte die deutsche Frau dem kleinen Mädchen, es solle sich auf der Stelle erleichtern, und erklärte dem kleinen Kind, dass die Juden im Ghetto oft auch keinen Ort haben, an dem sie sich erleichtern können, sodass sie es an Ort und Stelle tun. Dahin sind wir gekommen, dass die deutschen Frauen uns ihren Kindern als Beispiele für unglückliche und leidende Leute anführen.

In einer der Brigaden behauptet der Deutsche, die Juden seien schuld am Krieg. Hinter seinem Rücken machen sich die jüdischen Arbeiter über ihn lustig. Unter den Arbeitern gibt es einen älteren Menschen. Die Burschen hacken auf ihm herum: „Hörst du, Tsalke, der ‚Jecke'[117] sagt, dass du schuld am Krieg bist." Der alte Jude reißt sich eine Weile von der Arbeit los und murmelt: „Ein böses Jahr auf seinen Kopf; nach seiner Ansicht bin ich auch schuld am Krieg!"

Samstag, 19. [Dezember] [1942]

Heute gibt es eine neue Beunruhigung im Ghetto. Das Ghetto ist verärgert und besorgt. 20 Leute, die in Soltanishok[118] arbeiten, wurden gestern am Tor festgenommen, weil man bei ihnen Mehl am Körper versteckt fand. Auf Murers Befehl hin wurden sie sofort ins Lukishki-Gefängnis gebracht.

Lukishki-Gefängnis ist das schrecklichste Wort des Ghettos. Leute kommen selten daraus zurück. Und 20 Juden sind uns bereits entrissen worden. Heute wurden sie plötzlich ins Ghetto gebracht und im Lidske inhaftiert. Aber es kam sofort ein Befehl von Murer, sie umgehend ins Lukishki zu überführen. So haben sie das Ghetto provoziert und schließlich 20 Juden dem Ghetto entrissen.

Sonntag, 20. [Dezember] [1942]

Die Ghettoschulen sahen sich heute einen Teil der Bas-Reliefkarte der Stadt Wilna an, die im Ghetto als Geschenk für den Gebietskommissar[119] hergestellt wird. Die Karte wird 20 m² umfassen. Die schwierigste Arbeit

117 Spitzname für deutsche Juden oder Deutsche, vielleicht weil sie keine Kaftans, sondern Jacketts trugen.

118 Ein Viertel in einem Außenbezirk der Stadt.

119 Im Original deutsch. 1943 wurde dem Ghetto der Auftrag erteilt, eine Reliefkarte der Stadt Wilna und ihrer Umgebung herzustellen. Sie hatte die Größe eines Raums und umfasste 40 verschiedene Teile. Das Relief zeigte jedes Haus im Zentrum Wilnas und insbesondere im Ghetto. Dieser Auftrag, an dessen Ausführung viele Künstler, Ingenieure und Techniker beteiligt waren, erregte große Aufmerksamkeit im Ghetto und weckte die Hoffnung, dass die daran Beteiligten nicht umgebracht würden, solange die Karte noch nicht fertig war. Das Relief blieb erhalten und wurde in einem Gebäude der Stadtverwaltung gefunden. Fast alle an seiner Herstellung Beteiligten kamen um.

ist schon gemacht worden. Was hergestellt worden ist, ist allerdings nur ein kleiner Teil der Stadt. Es ist jedoch der wichtigste und der am schwierigsten auszuarbeitende. Auf einem Tisch unter einem Strahler liegt das Zentrum der Stadt Wilna vor uns. Auf Gipsplatten ist jedes Haus, jede Gasse dort erkennbar, entsprechend einem vorgegebenen Maßstab, 1 m = 2500. Alles ist schön koloriert und auf außerordentlich schöne Weise ausgearbeitet. Die Kinder drängen nach vorn, um die Karte zu sehen, und natürlich sucht jeder nach seinem Haus, seiner Gasse, aus der er ins Ghetto kam. Ingenieur Gukhman[120] liefert uns Erklärungen: die Vilie[121], die grüne Brücke, Shnipishok, und hier ist die Kathedrale. Die Kinder schauen mit großen Augen auf die schönen hügeligen Gassen um die Vilie und die Vilenke herum, aus denen sie vertrieben worden sind. Die Bas-Reliefkarte von Wilna ist sicherlich ein großes Kunstwerk, auf das wir stolz sein können, denn es wäre außerhalb des Ghettos nicht hergestellt worden. In die Arbeit sind so viel Mühe und so viel Geduld investiert worden, wie sie heutzutage nur ein Jude haben kann. Da es unser Werk ist, können wir sicher sein, dass wir die schönen Straßen Wilnas nicht nur auf der Karte, sondern auch in Wirklichkeit sehen werden.[122]

Montag, 21. [Dezember] [1942]

Heute um 8 Uhr abends findet endlich der Prozess gegen Herodes statt. In unserem provisorischen Klub kamen eine große Menge Gäste und Klubmitglieder zusammen. Ich hielt die erste Rede für die Anklage. Der Prozess hatte gewisse Fehler. Die Diskussion zwischen den Parteien war schwach, und die Erwiderungen wirkten inszeniert. Im Ganzen war der Prozess jedoch ein Erfolg. Unser Vorsitzender, der Gerichtshof, die Befragung der Zeugen für die historischen Persönlichkeiten waren ganz

120 Der Ingenieur Grisha Gukhman, ein Mitglied des Judenrats im Wilnaer Ghetto, förderte die Ghetto-Werkstätten. Er starb im Lager Narva in Estland, einem Außenlager des Konzentrationslagers Vaivara.

121 Die Viliya entspringt in Weißrussland und fließt durch Wilna. Sie wird heute in Litauen Neris genannt. Die Vilenke ist ein Nebenfluss südwestlich der Viliya. Shnipishok ist ein Viertel nördlich der Viliya.

122 Das Relief wurde 1990 wiederentdeckt. Es befindet sich heute im Jüdischen Museum in Vilnius.

beeindruckend. Die Reden enthielten viel reiches Material und waren gut gestaltet. Ich beschuldigte Herodes, eine zweideutige Politik verfolgt, die Rolle eines römischen Agenten gespielt und römische Sitten im Land eingeführt zu haben, die der jüdischen Spiritualität feindlich gesonnen und fremd waren. Ich klagte ihn an, das Volk ermordet zu haben. Die Verteidigung zeigt Herodes' positive Taten, erklärte, dass Herodes in einer stürmischen Zeit gelebt habe, dass sein Verhalten seinem Willen widersprach und dass viele seiner Taten dem jüdischen Volk zugutekamen. Der Gerichtshof suchte ein Komitee von Experten aus, das aus Lehrern und Historikern bestand, die die Frage beantworten mussten, ob Herodes' Taten im Interesse des Volkes waren. Zwischen den Erwachsenen entwickelte sich eine große Diskussion, und dies war der interessanteste Teil. Verschiedene Ansichten wurden zum Ausdruck gebracht. Die Verteidigung erhielt starke Unterstützung. Turbovitsh[123], der Direktor der Schule, äußerte sich zugunsten von Herodes' Verteidigung. Nach seiner Ansicht waren Herodes' Taten im Interesse des Volkes, weil die Revolte gegen Rom die Katastrophe beschleunigt habe. Viele der Experten hatten eine schwankende Haltung. Der Lehrer Kabatshnik[124] und die Lehrerin Gordon[125] unterstützten die Anklage. Der Abschluss des Prozesses und die Diskussion im Saal waren sehr interessant und dauerten bis spät in die Nacht. Das Urteil wurde verkündet: Herodes wurde für schuldig erklärt. Ich war mit dem Urteil sehr zufrieden. Im Ganzen machte der Prozess einen starken Eindruck. Die Schüler im Ghetto werden weiter an einer tiefergehenden historischen Aufgabe arbeiten, wie man eine so komplexe Persönlichkeit wie Herodes analysiert.

123 Der langjährige Leiter des Gymnasiums Leyb Turbovitsh starb in einem der Lager in Lettland.

124 Zelik Kabatshnik, ein junger Hebräischlehrer, war eines der aktiven Mitglieder des Jugendklubs und des „Brit Ivrit", des hebräischen Bundes. Er gehörte auch der Partei Vereinigte Poalei Zion und der Vereinigten Partisanen-Organisation an. Er starb 1945 im Konzentrationslager Dautmergen in Deutschland, einem Außenlager des KZ Natzweiler-Struthof.

125 Liza Gordon-Tsukerman war eine Geschichtslehrerin, die auch im Ghetto weiter unterrichtete. Während der Auflösung des Ghettos entdeckten die Deutschen ihr Versteck und ermordeten sie.

Mittwoch, 23. [Dezember] [1942]

Am Abend besuchte ich den Literaturkreis. Leo Bernshteyn[126] hielt einen Überblicksvortrag zum Thema deutsche Literatur. Es war sehr interessant. Als ich den Kreis verließ, hatte ich das Gefühl, dass er mir viel gegeben hatte. Ich wurde mit ein wenig Literaturgeschichte vertraut gemacht.

Donnerstag, 24. [Dezember] [1942]

Als ich am Abend einen Spaziergang machte, traf ich meinen Freund Mulke Lurie. Er kommt in großen Stiefeln von der Arbeit zurück, mit einem Sack. Mulke hat im Ghetto sehr gelitten. Er hat keine Eltern. Bisher lebte er bei einem Onkel. Nun unterstützt ihn der Onkel nicht mehr. Ich versuche, von ihm den Grund dafür zu erfahren, aber er teilt ihn mir nicht mit. Ich befragte Mulke über sein Leben, darüber, wer ihn unterstützt. Er hat noch etwas Geld von früher übrig, denn er pflegte ein bisschen Handel zu treiben. Nun arbeitet er im „Soldatenheim", einer ausgezeichneten Brigade. „Wo isst du?", frage ich ihn. Er erzählt mir, dass es bei der Arbeit keinen Mangel an Essen gibt. Dreimal am Tag erhalten sie Essen aus der Küche und darüber hinaus bekommen sie etwas von den Portionen der Deutschen, und das ist ein bisschen reichhaltiger als das jüdische Essen. „Und wenn sie nichts geben, dann nehmen wir es uns selbst." Mulke endet mit einem bitteren kleinen Lachen. „Aber was isst du zu Hause?", frage ich ihn. Er erzählt mir, dass er bei der Arbeit eine kleine Dose mit Brot hat, das die Deutschen ausgeben, und auch Honig; so nimmt er Brot und Honig mit und hat so etwas zu essen für den Morgen, bevor er zur Arbeit geht. „Und was wirst du jetzt essen?", frage ich. „Jetzt werde ich bei meinen Bekannten essen, wie bisher. Ausgezeichnete Abendessen. Und später trinke ich dort ein Glas Tee."

Ich frage ihn, ob er irgendwelches Geld hat, um für sein Abendessen zu bezahlen. „Ich schnorre nicht!", ruft er halb beleidigt aus. Mulke trägt zu den Abendessen Kartoffeln bei, die er offenbar bei seiner Arbeit gratis erhält. Mulke ist ziemlich traurig. 6 kg Kartoffeln wurden ihm am Tor

126 Dr. Leo Bernshteyn war Wissenschaftler und Dichter. Im Ghetto arbeitete er als Lehrer, Dozent und Direktor des Jugendklubs. Er war Mitglied der FPO und der „Kvutsat Yehiel". Er hat überlebt und ist nach Israel ausgewandert.

abgenommen. Trotzdem ist es ihm gelungen, 3 kg hereinzubringen. Er ist auch verlegen und bittet mich um Rat, ob er die Kartoffeln zu seinen Bekannten für das Abendessen mitbringen oder sie verkaufen soll, weil er so sehr Geld braucht. „Ich muss ein Paar Holzschuhe kaufen, meine Stiefel saugen sich ganz voll Nässe; schade, ich werde nichts an den Füßen zu tragen haben." Ich sage ihm, er solle tun, was er für richtig hält. „Wie auch immer", erklärt Mulke nach einigen Augenblicken des Zögerns, „ich werde die morgigen Kartoffeln verkaufen, jetzt werde ich sie zum Essen beitragen." Wir verabschieden uns, und Mulke verschwindet im Hof an der Shpitalne Straße, wo er zu Abend isst. Bald wird er zur andern Seite hinübergehen, wo sein Onkel lebt, und wird auf sein Bett fallen, um zu schlafen. Morgen zur Arbeit und dann wieder dasselbe. Ich werde sehr traurig ...

Samstag, 26. [Dezember] [1942]
Die Renovierung unseres Klubhauses an der Disner 4 ist endlich beendet. Wir säubern den Klub und sind von ihm begeistert. Der ganze Klub bereitet sich auf die Eröffnung unserer zweiten Heimstätte vor.

Sonntag, 27. [Dezember] [1942]
Gestern wurde im Ghetto eine Gedenkfeier für Mendele[127] abgehalten. Wir lesen Mendele jetzt in der Schule. Das Ghetto gedenkt des 25. Todestags von Mendele. Die Gedenkfeier begann um 12 Uhr. Die Redner befassten sich ausführlich mit Mendele als dem Großvater der jiddischen Literatur. Mendele liebte die Menschen, er schalt und kritisierte sie, aber alles wie ein Vater. Er glaubte an die Menschen, er hatte hohe Erwartungen an die Massen, an die gewöhnlichen Menschen, die er so sehr mochte. Sie betonten, dass Mendele ein Kritiker der jüdischen Gesellschaft war. Während der Rede von Lehrer Lubotski kam es zu einem unerwarteten, schrecklich ärgerlichen Zwischenfall, der die Zuhörer tief verstörte und einen ekelhaften Nachgeschmack hinterließ. Mitten

127 Mendele Moykher-Sforim, „Mendel der Buchhändler", ein Pseudonym für Sholem Yankev Abramovitsh (1835–1917), gilt als Begründer der modernen jiddischen Literatur. Sholem Aleichem bezeichnete sich als seinen „Enkel".

in der Rede von Lehrer Lubotski wurde der Vorhang beiseite gezogen. Der Vorhang öffnete sich, und der Vorsitzende Yashunski entschuldige sich und erklärte, dass das ein Versehen war, ein Irrtum des Bühnenarbeiters. Der Saal war in Aufruhr. Die Leute verstanden, dass das kein Versehen war. Kaplan-Kaplanski rief von seinem Sitz aus, dass der Vorsitzende für alles verantwortlich gemacht werde. Der Vorsitzende wurde mit Vorwürfen überhäuft;[128] einige hatten gewagt, den Repräsentanten der jüdischen Fakultät, der wirklichen jüdischen Intelligenz in Wilna zu beleidigen. Berichten zufolge war es eine abscheuliche Tat der Künstler, die ungeduldig auf das Ende der Reden warteten. Da sie es eilig hatten, ihre eigene Aufführung zu präsentieren, führten sie einen solchen Zwischenfall herbei und störten damit zeitweilig die Feier zu Ehren Mendeles, die heute alle jüdischen Gemeinden vereint. Das künstlerische Programm war sehr schön, doch fehlte ihm Feierlichkeit. Die Gedenkfeier wurde auf der Ebene des Ghettos durchgeführt. Durch sein Verhalten erschien der Schauspieler Segal[129] nur auf dem Niveau eines gedemütigten Ghettojuden.

Montag, 28. [Dezember] [1942]

Heute ist ein trauriger Abend im Ghetto. Die Ghettogassen sind voller Not und Leid: Murer spielt am Tor sein Spiel. Die Straße ist abgesperrt. Müde Arbeiter kommen von der Arbeit zurück. Am Tor werden sie durchsucht. Murer hat heute befohlen, die jüdischen Arbeiter bis auf die Haut zu filzen. Und die Arbeiter wurden in ein Zimmer getrieben. Halb nackt und unter Schlägen gingen sie zur Kontrolle. Geld wurde konfisziert. Mein Onkel kommt herein. Traurig kommt er vom Tor. Ihm wurden achthundert Rubel abgenommen. Wahrscheinlich das letzte Geld, das er hatte. Erschöpft und verbittert erzählt er von dem Schrecken und Kummer, die

128 Die Kritik an Yashunski ist vor dem Hintergrund der seit der Einsetzung von Gens zum Ghettovorsteher zunehmenden Spannungen zwischen Bundisten und Zionisten in der Ghettoführung zu sehen. Frank Grüner, Kultur und Alltag im Ghetto von Wilna, in: Theresienstädter Studien und Dokumente, Bd. 14 (2008), S. 180–219, bes. S. 192.

129 Yisroel Segal war Direktor des Ghetto-Theaters und für eine Reihe wichtiger Produktionen verantwortlich. Er hat überlebt.

jetzt zu sehen sind. Er hatte die paar Rubel in seinen Stiefeln versteckt. Sie wurden gezwungen, die Stiefel auszuziehen, daher hat er die Rubel dann in eine Ecke geworfen. Und wem musste das passieren? Dem Onkel, der in einer solchen Armut lebt. Die Not des Onkels zusammen mit den allerletzten Nachrichten von der Hölle am Tor legt sich schwer auf mein Gemüt, ein trübseliger Abend, ein Ghettoabend …

1943

Freitag, 1. Januar 1943

Der erste Tag des Jahres 1943. Zu Ehren des Neuen Jahrs hat sich die Welt über Nacht in Weiß herausgeputzt. Ein weißer, klarer Wintertag. Heute beginnt das Neue Jahr. Das Ghetto begegnet dem Neuen Jahr mit einem einzigen Wunsch: aus dem verhassten Ghetto befreit zu werden.

Das Ghetto schaut auf das Neue Jahr als den Erlöser, den ersehnten Befreier.

Elke, der Sohn von Khone Rone, lebt jetzt in der Shavler 4 (sie wohnten mit uns zusammen). Er schlüpft jeden Tag hinaus und bringt durch ein Versteck Kartoffeln und Mehl herein. Seine Familie ist groß, daher sucht der kleine Junge nach einem Weg zu überleben. An einem dieser Tage fasste ihn die jüdische Polizei, und dem kleinen, zerbrechlichen Elke wurden 25 Schläge verpasst. Vier Polizisten hielten ihn fest, und Levas selbst, der Kommandeur der Ghettowache, schlug ihn so erbarmungslos, so mörderisch. Der kleine Brotbeschaffer wurde schwer verprügelt nach Hause gebracht.

Und Levas feiert heute seine Hochzeit. Das ganze Ghetto ist in Aufregung. Levas heiratet. Diesmal war der Hund in Gefahr. Murer hatte eine Abneigung gegen ihn entwickelt. Auf der anderen Seite zeigte er solche Gewalttätigkeiten am Tor gegen seine Brüder, ließ sie sich am Tor ganz entkleiden, demütigte, beleidigte sie, nahm ihnen ihren letzten Pfennig ab, und all das, um Murer zufriedenzustellen. Und den Juden wird erzählt, dass er das Ghetto durch seine Gewalttätigkeiten gerettet habe. Levas hatte Erfolg bei Murer, und jetzt ist er glücklich und feiert mit Pomp seine Hochzeit. Das Ghetto hasst Levas. Vielleicht ist Levas gezwungen, Leute zu schlagen, aber die Leute müssen den hassen, der sie jeden Tag am Tor schlägt und beleidigt. Der niedergeschlagene, verbitterte Ghettojude kann nicht verstehen, dass Levas ihn vielleicht gegen seinen Willen geschlagen hat; der Jude am Tor fühlt den Schlag seiner Knute, und er empfindet Hass gegen Levas als einen Verräter. Und heute am Tag von Levas' prachtvoller Hochzeit verfluchen die Leute ihn. Sie amüsieren sich bitter darüber, dass Levas versehentlich seinen Schwiegervater am Tor brutal geschlagen hat.

Sonntag, 2. [Januar] [1943]

In der heutigen Zeitung steht eine Grußadresse des *Reichskommissars*[130] an die Öffentlichkeit. Die Proklamation besagt, dass das deutsche Volk nicht weiß, was die Zukunft bringen wird. Doch eines sehe er klar, dass der Sieg dem deutschen Volk gehören werde. Deshalb sei die Parole im Jahr 1943: *Mit dem Führer zum Sieg!*[131] Wie als eine Antwort darauf erzählt mir Vater, dass auf der Mauer in der Straße, in der er arbeitet, ein großer Spruch steht: *Deutschland Wohin gehstu?*[132] und dahinter: *9. November – 1918 – Wiwat!*[133]

Sonntag, 3. [Januar] [1943]

In der Schule geben sie uns heute mündliche Noten für das erste Drittel des Schuljahrs. Ich habe Einsen in Jiddisch, jüd. Geschichte, Geschichte und Biologie. Ich habe Zweien in Mathematik, Hebräisch, Zeichnen und Physik; in Latein und Deutsch Dreien.[134]

Meine Noten könnten vielleicht besser sein, aber auch die oben erwähnten sind ein Beweis, dass ich meine Zeit nicht vergeude.

Dienstag, 5. [Januar] [1943]

Zu Hause ist es jetzt sehr unruhig und laut. Leute der Brigade „Schneiderstube" sind abgeholt worden. Vater ist auch in Gefahr, abgeholt zu werden. Die Arbeiter kommen deprimiert von der Arbeit zurück, wo jetzt alles in Aufruhr ist. Die Leute rennen, die Leute betteln, nicht „entlassen"[135]

130 Im Original deutsch.
131 So im Original.
132 So im Original.
133 So im Original. Ein Hinweis auf die deutsche Niederlage im Ersten Weltkrieg und die Novemberrevolution.
134 Das Original nennt die 5 als beste Note, die 4 als zweitbeste und die 3 als drittbeste.
135 Yitskhok Rudashevski schrieb in der Absicht, das deutsche Wort zu verwenden, „antlassen".

zu werden; sie versuchen, Protektion auszuspielen; sie betrügen und intrigieren. Und diese Erregung überträgt sich auf das Haus. Man hört die ganze Zeit nur von Entlassungen und Ausweisen, immer wieder dasselbe. Die Leute sind nicht mehr in der Lage, an irgendetwas anderes zu denken. Jeder führt seinen eigenen Kampf ums Überleben. Menschen sind irgendwie so billig geworden. Sie sind in ihren Brigaden versklavt worden, und wenn sie entlassen werden, ist das der schwerste Schlag.

Mittwoch, 6. [Januar] [1943]

Ein schneeiger, bewölkter Tag. Das ganze Ghetto ist in Weiß gehüllt. Es ist früh am Abend. Schwerer Schnee fällt. Die Leute kommen von der Arbeit zurück. Sie strömen vom Tor durch die Gassen. Ihre vom Schnee gepeitschten Hüte, Kragen und Taschen scheinen weiß gegen die dunklen Mauern. Plötzlich ein schrecklicher Lärm. Es ist den Leuten nicht erlaubt, auf der Rudnitski Straße zu gehen. Zwei schneebedeckte Arbeiter rufen, als sie ankommen: „Murer ist am Tor!"

Donnerstag, 7. [Januar] [1943]

Heute geben sie fünf Deka[136] Schweinefleisch auf Lebensmittelmarken aus. Ich wartete kurze Zeit in der Schlange und befand mich schließlich im Laden. Es gibt so viel offensichtliche Ungerechtigkeit unter uns Juden im Ghetto, so viel, das nicht in Ordnung ist, so viel, das abscheulich ist. Zum Beispiel die Verteilung von Fleisch auf Lebensmittelmarken. Leute frieren und stehen an. Polizisten, Privilegierte gehen frei hinein. Bei der Verteilung wirft der Metzger das Stück Fleisch dem Menschen in der Schlange zu, als ob er ihm einen Gefallen täte, und macht es sich zunutze, wenn ein Kind, ein Mensch nicht so scharfzüngig ist, indem er ihm das schlechteste gibt. Andererseits bekommen Leute, die Protektion beim Metzger haben, das etwas fettere Stück (für Protektion erniedrigt sich der Ghettomensch zu einem Nichts, denn im Ghetto siegt das Vitamin P., wie man sagt; „Protektion" oder „Pleytses", mit andern Worten: spitze Ellbogen).[137]

136 1 Deka entspricht 10 Gramm.

137 „Ellbogen haben" in der deutschen Redensart entspricht im Jiddischen „Pleytses (Schultern) haben".

Im Laden weisen sie ein paar Deka Schweinefleisch zu. Hin und wieder stolziert ein Polizist herein, irgendein „bekannter“ Mann, eine vornehme Dame, eine Matrone, Leute mit Brieftaschen, sie wenden sich an den Aufseher des Ladens oder direkt an den Metzger, der „sich um sie kümmern“ soll. Der Metzger wendet ihnen auf ekelhafte Weise sein süßes, schmeichlerisches Gesicht zu und schneidet für sie ein Stück dicken weißen Speck ab. (Ich denke, sie haben auch ohne dies genug zu Hause.) Die Menge der verfrorenen Frauen steht an; gedämpft wütend verschlingen sie die Fleischtheke mit ihren Augen. Sie halten still, wenn sie beobachten, dass ein Mensch den Speck und der zweite Knochen bekommt. Die Leute sind schon daran gewöhnt.

„Es ist wahrscheinlich zu gut für dich!“, schreit der Metzger eine arme junge Frau an, die auch ein besseres Stück Fleisch haben will.

Mit scheinheiliger Miene wickelt ein Polizist ein Stück fettes Fleisch in Papier ein.

Heute wird der Klub eröffnet. Unser Klub ist endlich fertig. Ein warmer Saal. Ein Arbeitsraum, der auch Leseraum ist, und eine Tür zum Büro des Sekretärs – das sind unsere Räumlichkeiten. Aber es sind unsere, in ihnen werden wir das Ghetto überleben. Heute findet die Eröffnung statt. Leider werden die Klubmitglieder nicht dabei sein. Der Dramakreis wird vor einem besonderen Publikum von Gästen auftreten.

Freitag, 8. [Januar] [1943]

An der technischen Schule im Ghetto[138] werden neue Schüler angenommen. Ich fechte einen schweren Kampf durch, ob ich einen Beruf erlernen oder weiter in der höheren Schule lernen soll wie bisher. Ich kann mich nicht entscheiden. Einerseits ist Krieg; augenblicklich hat jemand es leichter, der irgendein Gewerbe oder so etwas hat. Ich werde erwachsen und werde früher oder später arbeiten gehen müssen. Andererseits stelle

138 Eine der Berufsschulen im Ghetto war insbesondere auf zwei Berufe ausgerichtet: Schlosser und Elektromechaniker. Die Intensivkurse dauerten einige Monate; danach arbeiteten die Schüler in ihren Berufen. Die Schule wurde vom Ingenieur M. Shrayber geleitet, der vor dem Krieg die Berufsschule der Organisation „Ort“ (Obschtschestwo remeslennogo i zemledeltscheskogo truda: Organisation – Rekonstruktion – Training) geleitet hatte.

ich mir vor, dass der Besuch einer Berufsschule eine Unterbrechung meiner Studien bedeutet. Denn nach vier Monaten Berufsschulkurs ist das Ziel, arbeiten zu gehen, und wenn ich einmal zu arbeiten begonnen habe, werde ich nie mehr in die Schule zurückkehren. Nach langem Zögern und langem Nachdenken habe ich entschieden, von jedem Augenblick Gebrauch zu machen. Ich muss studieren. Noch habe ich angemessene Bedingungen, also darf ich meine Studien nicht unterbrechen. Meine Entschlossenheit zu studieren hat sich zu etwas wie einer Trotzhaltung gegenüber der Gegenwart entwickelt, die es hasst zu studieren und liebt zu arbeiten, zu schuften. Nein, ich habe entschieden, dass ich für morgen leben will, nicht für heute. Und wenn von 100 Ghettokindern meines Alters 10 studieren dürfen, dann muss ich unter den Glücklichen sein, ich muss mir das zunutze machen. Studieren ist für mich sogar noch kostbarer geworden als vorher.

Heute ist der erste öffentliche Auftritt des Klubs. Sie führen die glänzend einstudierten Nummern auf: „Der verzückte Schneider", „Wachen" von Peretz, „Puppen", im Kinderklub produziert, und „Mered", eine hebräische Rezitation.[139] Unser Dramakreis verdient hohe Anerkennung! Unter den schwierigsten Bedingungen im Klub haben sie einige ziemlich gute, schöne Szenen produziert, alle auf dem Niveau einer guten Aufführung in Friedenszeiten mit Make-up, Dekorationen und Lichteffekten.

Samstag, 9. [Januar] [1943]

Heute Abend findet das große Klubfest statt. Unsere frischen Klubräume sind voll von Mitgliedern und Gästen. Unser Saal glänzt mit einer eigenen Bühne mit einem durchsichtigen Vorhang und Spiegeln. Es gibt einige

139 Diese Werke wurden vom Theaterklub öffentlich aufgeführt. „Der verzückte Schneider" ist eine berühmte Geschichte von Scholem Aleichem. „Wachen" (eigentlich „Nachtwachen") heißt ein Gedicht von Isaac Leib (Yitskhok Leybush) Peretz (1852–1915), das den Untertitel trägt: „einen frommen rabbinischen Juden nachahmend" und diejenigen in der jüdischen Gemeinschaft satirisch angriff, die sich vor jedem progressiven politischen Wandel fürchteten. Das Gedicht ist eine poetische Adaption von Adelbert von Chamissos „Nachtwächterlied", das den ironischen Refrain enthält: „Lobt die Jesuiten"; es wurde von den Arbeitern häufig rezitiert. „Puppen" wurde unter der Regie von Gilinski und Trupyanski aufgeführt. „Mered" („Rebellion") war eine von Abba Kovner arrangierte Chor-Darbietung des gleichnamigen Gedichts von Avraham Shlonsky (1900–1973).

schöne Bilder an der Wand. Es ist warm und angenehm im Saal. Eine kulturvolle und menschliche Atmosphäre schwebt zwischen den frisch gestrichenen Wänden. „Zwischen Mauern, doch jung" ist die Überschrift unserer Wandzeitung, die von der Wand herunterstrahlt. Eine prächtige Zeitung. Die Artikel sind in Form von Wänden und einer Straße gestaltet, die zum Ghettotor führt. Das ganze Erscheinungsbild der Zeitung symbolisiert die Überschrift, und der Inhalt der Artikel und Gedichte beweist auch die Richtigkeit der Zeitungsüberschrift. Ein schönes Bulletin enthält einen Bericht über die getane Arbeit.

Schließlich nehmen die Leute ihre Plätze ein. Oben auf unserer Bühne unsere eigenen Leute auf dem Podium, unser junger Klubmanager, Leo Bernshteyn, durch dessen Bemühungen der Klub Wirklichkeit geworden ist, unser heldenhafter Vorsitzender Avreml[140], Reyze[141], unsere Sekretärin, und die ganze Gruppe der Dozenten. Die Stimmung ist überschwänglich. Grußbotschaften und Reden. Leo Bernshteyn und Reyze bekommen ein Geschenk. Die Lehrerin Rokhl Broyde[142] versichert zu Recht, dass „es ein Zeichen von Fortschritt ist, wenn ein Volk eine junge Generation hat. Wir haben eine Jugend, ihre Fahne ist blutgetränkt, sie ist rot, aber wir halten sie fest in der Hand; die Jugend im Ghetto, das ist die feste Brücke in die Zukunft!"

Wir applaudieren lang und herzlich.

Bis 12 Uhr nachts zeigte unser Dramakreis, was er vermag. Es ist ein Vergnügen zu sehen, wie gut unsere Mitglieder spielen. Wir haben jedes Recht, stolz auf sie zu sein. Solche wunderbaren Szenen, Dekorationen, Kostüme, und alles so gut, so folgerichtig ausgeführt.

Auch Pilnik[143] erhält ein Geschenk, der Liebling des Klubs, der Schornsteinfegermeister, der die Aufführung arrangiert hat. Wir bleiben

140 Avrom Zheleznikov, der Sohn eines der Vorsitzenden des „Bund" in Wilna, war Partisan. Er überlebte den Holocaust.

141 Reyze Stolitski war Sekretärin des Jugendklubs.

142 Rokhl Broyde war Lehrerin an der nach dem russisch-jüdischen Volksdichter Simon Frug benannten Schule. Im Ghetto arbeitete sie in der Schulabteilung des Judenrats. Sie hatte Verbindungen zum Untergrund. Sie starb im KZ Majdanek.

143 Eliohu Pilnik, der Sohn eines Schornsteinfegers, schloss sein Studium am YIVO-Institut in Wilna ab. Er engagierte sich in Theatergruppen. Er starb bei einem Gefecht auf dem Weg vom Ghetto in die Wälder.

bis um halb drei im Klub, berauscht von jugendlicher Freude. Nach dem Programm ein bisschen Unterhaltung, eine lebende Zeitung, Lieder, Rezitationen. Pilnik präsentiert ein Lied nach dem andern. Wir sind jung, der junge Saal ist erfüllt von jugendlicher Freude und Arbeit. Unser Geist, den wir in den Ghettomauern stolz zeigen, ist das schönste Geschenk an die jetzt heraufziehende Zukunft. Lange lebe die Jugend! – der Fortschritt unseres Volkes.

Sonntag, 10. [Januar] [1943]

Endlich haben wir einen eisernen Ofen in unserer Klasse. Wir haben lange genug gefroren! Er wird auf vollen Touren geheizt, und es ist herrlich warm.

Mittwoch, 13. [Januar] [1943]

Ich gehe in ein Haus. Ein Jude aus Braslaw, einer Stadt in Weißrussland, sitzt dort. Er besucht hier Bekannte. Sie treffen einander und sind überglücklich. Die Hausbewohner erkundigen sich nach den Leuten der Stadt. Er stößt einen tiefen Seufzer aus. Er setzt sich bedrückt nieder und beginnt von den Dingen zu erzählen, die sich so schwer auf die Stimmung legen und jetzt fast vergessene blutige Erinnerungen heraufbeschwören. Eineinhalbtausend Juden aus Braslaw wurden in den Straßen erschossen. Die Juden, erzählt er, lebten freundschaftlich mit den Christen, den weißrussischen Bauern. Sie halfen, bis der Befehl kam, und dann ermordeten unsere eigenen Bauern, Weißrussen zusammen mit Deutschen, alle Juden des Shtetl, plünderten ihr Eigentum, verstreuten, zerrissen, zerbrachen, schlitzten alles auf. Einige Juden, darunter er selbst, entkamen aus der Grube. Er wanderte ziellos über die Straßen und durch die Wälder. Die gesamte weißrussische Erde ist durchtränkt von jüdischem Blut, ruft er aus. Die Leute im Haus erkundigen sich nach dem Shtetl, nach der einen oder anderen Ecke von Weißrussland. „Es gibt sie nicht mehr", antwortet er mit solch trauriger Stimme. Weißrussische Shtetl wurden niedergemäht wie mit einer Sense. Still wie eine Kerze erlosch das jüdische Leben in ihnen … Er sieht aus wie ein städtischer angesehener Jude. In stoßweises Schluchzen ausbrechend, ruft er aus: „Oh, wir sind in Weißrussland mit der Wurzel ausgerissen worden, ach, wie ausgerissen! Von uns ist kein ganzes Glied geblieben. Ich habe keinen Grund, nach dem Krieg nach Braslaw zurückzukehren. Genug, dass ich alle dort verloren habe, Frau und Kinder. Nur eins: Ich werde dorthin zurückreisen, um die Rache zu sehen, die Rache an denen, die uns niedergemäht haben!"

Donnerstag, 14. [Januar] [1943]

Heute ist das Ghetto wieder aufgeregt, und besonders die Arbeiter der „Schneiderstube". Murer hat zur Abwechslung mal wieder Ärger gemacht. Neue Opfer sind in seine Krallen geraten. Die Sängerin Lyube Levitski kam mit jemand anderem[144] zusammen von der Schneiderwerkstatt zurück und brachte Erbsen ins Ghetto. Ausgerechnet da kam Murer unerwartet. Er befahl ihnen anzuhalten. Sie rannten. Mit einem Revolver in der Hand fing er sie ein und fragte sie, woher sie kämen. Levitski antwortete, dass sie von der Küche der Schneiderwerkstatt kämen, wo sie Erbsen geschält hätten. Murer befahl der jüdischen Polizei, ihnen 25 Schläge mit nassen Handtüchern zu verpassen. Und blutend wurden sie ins Lukishki verbracht, von dem selten jemand zurückkommt ... Murer, der rasende Teufel, eilte zur Schneiderwerkstatt. Die Arbeiter sagen, dass er dort wütete wie ein Sturm. Zuerst rannte er zum Kochtopf, um zu sehen, was gekocht wurde (um sich zu überzeugen, dass Levitski ihm die Wahrheit gesagt hatte). Die Köche nahmen voller Schrecken die Deckel der Kessel ab. Der Raum füllte sich mit Dampf, sodass sie einander nicht sehen konnten. Der verrückte Murer rief: „Licht". Ihm wurden Streichhölzer gebracht. Die Streichhölzer brennen im Dampf nicht. Verrückt vor Wut fragt er den jüdischen Koch, was gekocht wird. Der Jude antwortet: „Ehrenwort, nur geschälte Gerste mit Kartoffeln." Murer schlug den Juden zusammen, warf sich mit einer Axt auf zwei Juden, die Holz zersägten, und behauptete, dass sie nicht wie Holzfäller aussähen ... So wütete er, beleidigte und quälte die Leute ... Das Ghetto ist schrecklich wütend. Levas sagt, wenn er dagewesen wäre, wären die beiden Menschen nicht ins Gefängnis gekommen. Er hätte sie mit einer Peitsche ins

144 Dieser andere war Moyne Stupel, ein Schwager des beliebten Führers der Bundisten Borukh Virgili Cohen. Er war in der Wilnaer Bildungsgesellschaft „Vilbig" aktiv und arbeitete im Ghetto in der Arbeitsvermittlung.

Gesicht geschlagen und Murer mit ihrem Blut zufriedengestellt, aber sie wären im Ghetto geblieben. Murer hätte sie nicht hinausgetrieben. Mit Blut könne man seinen Durst nach Folter und Quälerei leicht löschen. Levas hat möglicherweise recht, aber wie schrecklich, wie traurig ist unser Leben, wie hilflos sind wir, wie sehr sind wir Gefahren und Folterungen ausgesetzt …

Sonntag, 17. [Januar] [1943]

Uns hat starker Frost ereilt. Der Winter ist gekommen, der grausame, der größte Feind des Ghettobewohners. Die Leute laufen verfroren herum. Kaum ein Haus ist gut geheizt. Heute ging es mir nicht gut, und ich ging nicht in den Klub.

Donnerstag, 21. [Januar] [1943]

Heute ging Vater weg, um eine Hilfsarbeit zu machen. Er wurde von der Schneiderwerkstatt abgeholt. Der strenge Frost ist gebrochen. Auf der Straße schmilzt der Schnee. Ich bin allein zu Hause. Heute hatte ich viel Arbeit. Ich kochte die Mahlzeit.

Freitag, 22. [Januar] [1943]

Heute ist ein Feiertag in der Schule, Khamishoser Bishvat[145]. Das Programm schloss eine Aufführung der Kinder im Kinderklub ein.

Sonntag, 24. [Januar] [1943]

Heute wurde ein allgemeines Treffen im Klub abgehalten. Die Diskussion über den Klub und seine weitere Arbeit zog sich lange hin. Ich denke, im Klub ist nicht alles in Ordnung. Die Aufführungen, der Theaterkreis haben zu viel Einfluss im Klub. Die Arbeit der kleinen Kreise [leidet], der Klub hat praktisch aufgehört, ein Ort für ernsthafte Arbeit zu sein. All das wurde bei dem Treffen behandelt.

145 Tu Bishvat, der 15. Tag des Monats Shebat, der Neujahrstag der Bäume. Dieser „kleine" jüdische Feiertag markiert das Ende der Regenzeit und den Beginn der idealen Pflanzperiode im Land Israel.

Montag, 25. [Januar] [1943]

Der Frost hat wieder hart zugeschlagen. Es ist kalt im Klassenraum. Alle stehen um den kleinen Ofen herum. Sie halten ihre gefrorenen Finger an die Rohre. Aber es ist trotzdem lustig und lebhaft. Wenn wir lernen, fühlen wir die Kälte nicht. Die Fenster im Klassenraum sind gefroren, mit einem Gewebe aus Eis überzogen. Wir legen ständig mehr und mehr neues Holz in den Ofen. Aber das Holz ist nass, und Kameraden blasen es beständig an.

Wir kommen zum Klub. Die Wände sind eisbedeckt. Ich beeile mich, im Ofen ein Feuer zu entfachen.

Mittwoch, 27. [Januar] [1943]

Heute besuchte unsere Klasse die Ghettowerkstätten in der Rudnitski 6.[146] Hier in der Rudnitski 6 ist das Ghettogewerbe konzentriert. Hier arbeiten unsere Fachkräfte. Das ist die Grundlage unserer Existenz. Das Ghetto hat all seine Anstrengungen aufgeboten, um zu schaffen, was wir hier heute gesehen haben. Wir gehen von Abteilung zu Abteilung, Werkstätten für Schlosser, Mechaniker, Klempner. Die Arbeit singt unter den Werkzeugen. Es klopft und dröhnt. Alles trägt den Stempel ernsthafter Arbeit. Hier reparieren sie Maschinenteile. Und hier produzieren sie Marken mit Nummern, die jeder Jude sich wie eine Kuh um den Hals hängen wird. Hier ist eine Schmiede mit zwei Feuerstätten. Die Luft ist hier warm, gesättigt mit Eisen und Kalk. Das Feuer lodert in den dunklen Öfen, und die Juden stehen ruhig da und schlagen monoton mit ihren Hämmern. Der jüdische Schmied steht da und macht Hufeisen für die deutsche Armee. Im Hof wird eine große Schmiede mit 6 Feuerstätten gebaut. Wir gehen zu anderen Abteilungen. Einer der Ingenieure führt uns herum. Er ist zornig, streng, schreit die Arbeiter wie ein Boss an. Murers Befehl erstreckt sich auf alles ... Die einzigen Arbeiter, die den Ingenieur nicht ernst nehmen,

146 Im Ghetto wurden große Werkstätten, hauptsächlich im Metall- und Holzgewerbe, gegründet. Zu ihren Kunden gehörten viele deutsche und litauische Firmen. Viele glaubten, ein produktives Ghetto garantiere eine sichere Weiterexistenz. Alle, die in diesen Werkstätten arbeiteten, erhielten „gelbe" Ausweise und bekamen größere Lebensmittelzuteilungen als die übrige Bevölkerung. Als sich der Untergrund formierte, versorgten die Werkstätten die Partisanen mit Gebrauchsgütern und Waffen.

sind die Spezialisten, denn sie wissen, dass sie gebraucht werden. Murer kennt sie und wird sie nicht gegen irgendjemand anderen austauschen. So machte ein Arbeiter dem Ingenieur, der uns als Guide diente, heftige Vorwürfe, weil er die Maschine ohne seine Erlaubnis angeworfen hatte. Hier ist die Abteilung für das Drechseln von Holz, für die Holzschuhherstellung. Wie schön, wie attraktiv ist diese Arbeit, das Schnitzen, wie Dinge vor meinen eigenen Augen geschaffen werden! Aber für wen …

Hier sind die Räume für die Möbel-Manufaktur. Sie haben ihre eigene Ghettogeschichte. Hingst[147], Murer, die Gebietskommissare von Wilna, bestellen hier Möbel. Hier werden die schönsten Möbelgarnituren hergestellt. Frauen stehen da und polieren die schönen Möbelstücke. Kinder werfen unabsichtlich eine Zierleiste zu Boden. „Kinder“, sagt ein Arbeiter, „der liebe Murer wird kommen und Terz machen.“ Murer kommt sehr oft zu den Werkstätten. Eine kalte Furcht hüllt die Werkstätten ein. Man kann in ihnen eine Stecknadel fallen hören. Nur die Werkzeuge sagen nervös: „Murer kommt.“ Und er erscheint in den Werkstätten wie ein Verhängnis, wie ein Sturm, wie ein verrücktes wildes Tier. Er befiehlt den Arbeitern, Leibesübungen zu machen, und die Arbeiter üben aus gutem Grund jeden Tag und kriechen unter den Tisch und über den Tisch … Hier wird alles leise ausgeführt, missmutig … Die Leute singen nicht bei ihrer Arbeit.

Nun wird eine eigene Abteilung aufgebaut, wo künstliche Hände und Füße von dem einzigen Spezialisten, einem Wilnaer Juden, hergestellt werden. „Lasst uns hoffen, dass die Abteilung zahlreiche Bestellungen haben wird“, scherzen die Leute.

Beim Verlassen der Werkstätten nahm ich den Eindruck von der Kraft des Lebenswillens mit, der hier von allem ausgeht. Es scheint, dass alles, was ich hier gesehen habe, durch den bloßen Willen geschaffen worden ist. Ich denke über das Schicksal unserer Arbeit nach. Wölfe und Hunde profitieren von den Erzeugnissen unserer Arbeit. Aber unser Lebenswillen, den ich heute bemerkt habe, verkündet entschieden, dass

147 SA-Obersturmbannführer Hans Christian Hingst (1895–1955) war als Gebietskommissar von Wilna Chef der Besatzungsverwaltung dort und verantwortlich für die Beraubung und Ghettoisierung der Juden.

das finstere Spiel enden wird, dass schließlich ein Gespenst wie das, das Murer genannt wird, verschwinden wird … „Ihr sollt Arbeiter sein, nicht Unterdrücker“, sagte ein Schmied heute zu uns. Ja, wir werden Arbeiter sein, aber wir werden in anderen Zeiten arbeiten.

Ich lese nun Alexandr Avdeyenkos Buch „Ich liebe“.[148] Das Buch macht auf mich mit seiner Aufrichtigkeit und der Humanität, die aus ihm spricht, einen starken Eindruck.

Donnerstag, 28. [Januar] [1943]

Die Hoffnung, die ständig im Ghettomenschen lebt, ist in diesen Tagen stark aufgeflammt. Die stolzen deutschen Kriegsberichte haben sich, nebbich, in flehentliche Bitten verwandelt.

Der deutsche Kriegsbericht räumt die mächtige sowjetische Offensive an den Fronten ein. Die Sowjets haben eine große Offensive in dem Abschnitt zwischen dem Kaukasus und dem Don begonnen. Die siegreiche deutsche Armee, die Stalingrad bedroht hatte und in seine Vororte eingedrungen war, ist nun in einen mächtigen Ring sowjetischer Armeen hineingeraten.

Die sowjetischen Panzerdivisionen treiben die Deutschen vom Kaukasus weg. Den Deutschen droht eine vernichtende Niederlage an der Front, an der die deutsche Armee so hart gekämpft hat und wo es ihr nur gelungen ist, sich ihr eigenes Grab zu schaufeln. Der deutsche Angriff auf Stalingrad hat sich in verzweifelten Widerstand eingeschlossener Männer verwandelt.

„Der deutsche Soldat setzt der Flut von Eisen ein eisernes Herz entgegen“ – so steht es im heutigen Bericht. Ja, sie geben zu, dass eine Flut sowjetischer Waffen gegen sie vorgeht, dass die Sowjets stärker sind. Sie trösten sich mit dem Heroismus und der Disziplin des deutschen Soldaten. Aber wir wissen besser, welcher Soldat heldenhafter ist.

148 Der Ukrainer Alexandr Ostapovich Avdeyenko (Avdeenko) (1908–1996) schrieb Romane in russischer Sprache, die meistens die Arbeiterklasse und den Krieg zum Gegenstand hatten. Sein Roman „Ich liebe“ erschien 1933 und wurde 1934 in deutscher Übersetzung in Moskau und Leningrad in der Verlagsgenossenschaft Ausländischer Arbeiter in der UdSSR publiziert.

Die Nachrichten wärmen unsere Herzen. Die sowjetische Offensive rast über die Front. Nun ist sie unterwegs, jeden Augenblick wird die flammende Freiheit kommen, die sie mit sich bringt.

Am Abend besuchte ich einen interessanten Literaturkreis. Der junge Dichter A. Sutskever erzählte uns vom jiddischen Dichter Yehoash[149] und las seine Gedichte. Yehoashs Gedichte, seine Naturbeschreibungen inspirierten uns wirklich. Die vorherrschende Idee Yehoashs, die von Sonnenschein und Nebel, von Schönheit, ist tatsächlich sehr sympathisch. Wenn man Yehoash liest, verbindet man sich mit der Schönheit. In seinen Gedichten feiert Yehoash die Natur und all ihre Pracht. Wir beschlossen, einen Yehoash-Abend zu organisieren und eine Yehoash-Ausstellung. Sutskever, der am YIVO[150] arbeitet, ist es gelungen, viele wertvolle Objekte wie Briefe und Manuskripte zu retten.

Freitag, 29. [Januar] [1943]

Heute ist das Ghetto wegen der Neuigkeiten betrübt. Lyube Levitski und Stupel, die jüngst verhaftet worden waren, sind im Gefängnis erschossen worden. Bisher hatten die Leute noch geglaubt, dass sie befreit werden könnten. Uns wurde erzählt, dass Lyube Levitski für die Gefängniswachen zu singen pflegte, um ein Stück Brot zu bekommen. Sie sang in den Zellen, bis ihr Leben abgeschnitten wurde. Und so ein Talent ist vorzeitig erloschen …

149 Yehoash Shloyme Blumgarden (1870–1927) war ein jiddischer Dichter, der besonders wegen der formalen Schönheit seiner Gedichte und seiner Naturbeschreibungen bekannt war. Sutzkever schrieb anlässlich der Feiern zu Ehren Yehoashs ein Gedicht. In deutscher Übersetzung ist es in der unter dem Titel „Gesänge vom Meer des Todes“ publizierten Sammlung seiner Gedichte erschienen (Zürich 2009, S. 75 f.).

150 YIVO ist die Abkürzung für Yidisher Visnshaftlekher Institut (ייִדישער וויסנשאַפֿטלעכער אינסטיטוט). Das Institut wurde 1925 in Wilna gegründet. Es sammelte jüdische Folklore und unternahm Forschungen zur jüdischen Geschichte und Kultur, insbesondere zur jiddischen Sprache und Literatur. Nach der Besetzung Wilnas richtete sich der zum Raub von Kulturgütern aus den besetzten Ländern gegründete Einsatzstab Reichsleiter Rosenberg im Institut ein und plünderte die Bibliothek und das Archiv des YIVO. Der Hauptsitz des YIVO war bereits 1940 nach New York verlegt worden, wo schon seit 1925 eine Zweigstelle bestand.

Donnerstag, 4. Februar [1943]

Es gibt neue Unruhe im Ghetto. Murer hat Frid[151], den „Ghetto-Präsidenten“, besucht und festgestellt, dass er vier Kilo Süßwaren besaß. Frid wurde von Murer verhaftet. Das ganze Ghetto ist über den alten Despoten aufgebracht, der in seinem Büro wie auf einem Thron zu sitzen pflegte mit Süßigkeiten neben sich! Die Leute haben Angst, dass er gegenüber Murer etwas über das Ghetto ausplaudern könnte.[152] Am Abend wurde Frid zurückgebracht und unverzüglich aus seinem Amt entfernt.

Sonntag, 7. Februar [1943]

Wir haben gute Nachrichten, Die Leute im Ghetto feiern. Die Deutschen gestehen ein, dass Stalingrad gefallen ist.

Ich laufe über die Straße ... Die Leute winken einander mit glücklichen Augen zu. Am Ende haben die Deutschen eine gigantische Niederlage erlitten. Die ganze 9. deutsche Armee ist vernichtet. Über 300 000 Deutsche getötet.[153] Der Stab gefangen genommen. Stalins Stadt ist das Grab des Feindes. Die Winteroffensive der Sowjets bringt glänzende Ergebnisse hervor.

Ich laufe durch die Straße. Der Winter nimmt Abschied von den Ghettogassen. Die Luft ist warm und sonnig. Das Eis auf der Straße schmilzt und versickert, und unsere Herzen sind vom Frühling erfüllt. Der Schnee in uns schmilzt auch, und solch ein sonniges Gefühl hüllt uns ein. Die Befreiung ist nah. Ich fühle ihr Nahen mit all meinen Sinnen.

151 Anatoli Frid war bis Kriegsbeginn Direktor der kommunalen Sparkasse in Wilna. Im Ghetto gehörte er dem ersten und zweiten Judenrat an und war dessen Vorsitzender. Nach der Ernennung von Gens zum Vorsteher des Ghettos am 11. Juli 1942 war er neben dem für die Polizei zuständigen Saul Dessler dessen Stellvertreter und stand an der Spitze der Ghettoverwaltung. Er wurde 1943 vor der Auflösung des Ghettos zunächst nach Estland deportiert und kam im KZ Kaiserwald in Riga ums Leben.

152 Gabik Heller erwähnt in seinem Tagebuch, dass der Süßwarenhersteller Zabludowski und andere auf Frids Angaben hin verhaftet worden seien. Eintrag vom 4. Februar 1943, in: Yad Vashem Studies XXXI (2003), S. 25.

153 In Stalingrad ging die 6. deutsche Armee unter. Dabei kamen etwa 150 000 deutsche Soldaten ums Leben, 91 000 gerieten in Kriegsgefangenschaft.

Sonntag, 14. [Februar] [1943]

Alles ist gut. Alles ist fröhlich. Die sowjetische Offensive kommt bewundernswert voran. Charkow und Rostow sind besetzt worden. Goebbels, der deutsche Propagandaminister, hielt eine Rede voller Pessimismus. Wir sind begeistert von seinen Hilferufen: Er appelliert an alle Kulturnationen, den Deutschen gegen die Sowjets zu helfen, weil die Dinge in einem kritischen Zustand sind. Diesmal hat Goebbels eine große Wahrheit gesagt, nämlich dass der Bolschewismus die Welt überfluten wird, wenn die deutsche Front zusammenbricht. Und er schämt sich nicht einmal zu sagen, dass die deutsche Front am Rande des Zusammenbruchs steht, dass man all seine Kraft aufwenden muss, bevor es zu spät ist.

Sonntag, 27. Februar[154] [1943]

Heute war ein ungewöhnlicher Tag für mich. In den letzten zwei Wochen sind allgemein neue Elemente zu meinem Leben hinzugekommen. Wir, etwa fünfzehn von uns, haben ein P. Projekt im Ghetto begonnen. Die Lehrerin M. und Genossin Mu.[155] sind unsere Leiter. Wir überlegen, ob es überhaupt einen Bedarf für so eine Tätigkeit im Ghetto gibt. Wir kamen zu dem Schluss, dass es ihn gibt. Unsere Arbeit wird beinhalten, die Vorhut der anderen Genossen zu sein. Wir müssen die übrigen führen. Wir müssen uns mit der sozialen Zusammenarbeit im Klub und in der Schule befassen. Bei den Treffen müssen wir uns auch selbst weiterbilden, denn wir müssen uns auf das Leben vorbereiten, das uns bevorsteht. Die Zukunft wird engagierte Leute brauchen, die die Massen zu einer großen Erneuerung führen müssen. Unsere erste Bedingung für solch eine Aufgabe ist Disziplin und Konspiration. Zum ersten Mal habe ich empfunden, was es bedeutet, im Geheimen zu arbeiten. Wir haben uns noch nicht ganz hineingefunden, aber wir gewöhnen uns daran. Bis heute sind wir in Ecken zusammengekommen. Einmal haben sie uns im Dunkeln im Klub eingeschlossen.

154 Irrtümliche Datierung, gemeint ist Sonntag, der 28. Februar.

155 P. Projekt: Pionierprojekt, M.: Mire Bernshteyn, Mu.: Musye Saginor. Da die Gruppe konspirativ arbeitete, verwendete Yitskhok Rudashevski Abkürzungen, die der Geheimhaltung dienen sollten.

Für heute bereiteten wir eine Feier zu Ehren des 25. Jahrestags der Roten Armee vor, der auf Dienstag, den 23. fiel. Wir haben insgeheim unter uns Geld gesammelt, Kartoffeln, Rote Beete für einen Imbiss. Jeder von uns fühlt die Wichtigkeit der Arbeit, die großen Pflichten, die uns anspornen. Schließlich haben wir heute die Feier. Noch haben wir keinen Ort dafür. Wir einigten uns, uns im Klub zu treffen. Unsere Sekretärin, eine von unseren Leuten, versprach, dort einen Platz für uns zur Verfügung zu stellen. Im letzten Moment begaben wir uns in das Haus eines älteren Kollegen. Die Geheimhaltung ist groß. Unsere Mitstreiter stehen beim Klub und am Tor unseres Genossen. Wir begeben uns einer nach dem andern hinüber. Schließlich kommt der Salat. Brot und Kekse werden als Geschenk älterer Genossen gebracht. Und hier sitzen wir in einem Zimmer. Die Leute im Zimmer gehören zu uns. Auf dem Tisch steht ein Salat in Form eines Sterns. Daneben steht Stalins Bild. Die Tür ist verschlossen. Lehrerin M. kommt auch herein und noch ein paar unserer Leute. Ich eröffne die Feierlichkeit. Ich begrüße das festliche Zusammensein der Pioniere anlässlich des 25. Jahrestags der Roten Armee, unsere geliebte Armee, die wir erwarten und von deren Sieg wir überzeugt sind. Die Stimmung ist überschwänglich. Ich spüre, dass wir dabei sind, uns mit dem Leben zu vereinigen, von dem wir vorübergehend getrennt sind. Wir singen sowjetische Lieder. Genossen lesen Essays über die Rote Armee, über ihre Führer vor. Wir leben nun alle leidenschaftlich verbunden durch unsere Liebe zur Roten Armee, durch unsere Liebe zum sowjetischen Leben. Lehrer Op.[156] liest seine Gedichte, die er zu Ehren der Sowjets geschrieben hat: „An den roten Panzersoldaten". Der Wunsch der Erwachsenen für uns ist, dass wir auf den siegreichen roten Panzern durch die befreiten Straßen fahren. Sie lesen Stalins Tagesbefehl unter dem Slogan; „Tod dem Besatzer". So feiern wir Pioniere am 27. Februar in fröhlicher und vertrauter Stimmung den 25. Jahrestag der Roten Armee. Wir gehen einer nach dem andern auseinander. Aus unseren Seelen bricht hervor: „Ein flammender Gruß an die Rote Armee zu Ehren ihrer neuen Siege, lang lebe die Rote Armee!"

156 Wahrscheinlich ist der kommunistische Lehrer und Dichter Leyb Opeskin gemeint.

Sonntag, 7. März [1943]

Im Klub führten wir heute den Prozess gegen Josephus Flavius durch, einen Helden aus den Tagen der Zerstörung des zweiten Tempels,[157] organisiert vom Arbeitskreis jüd. Geschichte. Ich war ein Zeuge, Yokhanan von Gush Khalav[158], ein berühmter Held, ein Führer der Zeloten. Der Prozess war ganz interessant, aber er zog sich zu lang hin.

Mittwoch, 10. März [1943]

Es wird immer deutlicher Frühling im Ghetto. Die Sonne wärmt uns. An den Mauern stehen schon Erwachsene und Kinder in der Sonne. Ich bin immer den ganzen Tag lang beschäftigt. Am Morgen in der Schule, nachmittags Unterrichtsstunden. Ich bin weiterhin mit Hausarbeit beschäftigt, gegen Abend mit Versammlungen und im Klub. Bei den P.[ionier]-treffen reden wir jetzt über die nationale Frage. Wir bekamen auch eine Zusammenfassung des sowj. Kommuniqués zur Winteroffensive. Daraus wurde uns klar, dass die Sowjets mutig voranmarschieren und Stalingrad, Charkow, Rostow, Kursk und Dutzende anderer Orte besetzt haben.
Der Angriff wird im Don-Kaukasus-Sektor geführt. Die Rote Armee hat einen Punkt 50 km vom Dnjepr entfernt erreicht. Die Rote Armee greift auch auf ganzer Front und bei Welikije Luki in Richtung Riga an. Die Sowjetunion arbeitet jetzt mit England gegen den gemeinsamen Feind zusammen, aber die Sowjets stehen tapfer allein im Kampf. Sie tragen den gesamten Krieg im Osten auf ihren Schultern. Derweil treffen wir uns bei einer Genossin.

Auch im Klub wird jetzt gearbeitet. Wir bereiten einen Yehoash-Abend vor. Ich habe einen Aufsatz geschrieben: „Über das Lesen Yehoashs im Ghetto“. Am Abend bereiten wir eine großartige Ausstellung mit unserem Freund Sutskever vor, der die Arbeit leitet. Sutskever hat vom YIVO

157 Der zweite Tempel wurde im Jahr 70 u. Z. von den Römern zerstört.

158 Yokhanan Ben-Levi (Johann von Gischala), der Anführer der Zeloten, kämpfte in der Zeit der Zerstörung des zweiten Tempels gegen die Römer. Er kam von Gush Khalav (Gischala) in Galiläa, wo er die Verteidigung der Stadt gegen die Römer leitete. Vor der Einnahme der Stadt durch Titus flohen Yokhanan und seine Anhänger nach Jerusalem und setzten dort den Kampf gegen die Römer fort, bis die Stadt gefallen war. Die Römer verurteilten Yokhanan zu lebenslangem Gefängnis.

viele wertvolle Materialien mitgebracht, Manuskripte, Bücher, Fotos. Wir werden sie in einer schönen Yehoash-Ausstellung zeigen. Wir haben auch eine schöne Yehoash-Zeitung zusammengestellt. Die Vorbereitungen für die Yehoash-Feier gehen ziemlich rasch voran, sie sind interessant und werden bestimmt gute Ergebnisse zeitigen.

Dienstag, 11. [März] [1943]
Ich war bis spät in der Nacht im Klub. Wir bereiten uns auf einen grandiosen Yehoash-Abend vor. Ich bekomme nicht genug Schlaf.

Sonntag, 14. März [1943]
Heute fanden im Klub die Yehoash-Feier sowie die Eröffnung der Yehoash-Ausstellung statt. Die Ausstellung ist außerordentlich schön. Der gesamte Leseraum im Klub ist voller Material. Der Raum ist hell und sauber. Es ist ein Vergnügen hineinzukommen. Wir schulden die Ausstellung unserem Freund Sutskever, der eine Menge Material für die Yehoash-Ausstellung aus dem YIVO, wo er arbeitet, ins Ghetto geschmuggelt hat. Wenn man in die Ausstellung kommt, sieht man den jugendlichen Eifer, der hier alles durchdringt. Alles ist auf so schöne, frische Weise arrangiert. Alles ist so kulturvoll und voller Wärme. Leute, die hier hereinkommen, vergessen, dass dies das Ghetto ist. Hier in der Yehoash-Ausstellung haben wir viele wertvolle Dokumente, die jetzt ein Schatz sind: von Peretz an Yehoash geschickte Manuskripte, Yehoashs Originalbriefe. Wir haben seltene Zeitungsausschnitte. In der Abteilung „Bibelübersetzungen ins Jiddische" haben wir alte Bibelübersetzungen ins Jiddische aus dem 17. Jahrhundert. Wenn wir die Ausstellung ansehen, unsere Arbeit, schwellen unsere Herzen vor Begeisterung. Wir vergessen tatsächlich, dass wir in einem finsteren Ghetto sind. Die Feier heute ist auch auf grandiose Weise durchgeführt worden. Der Dramakreis führte Yehoashs Szene „Saul" auf. Die Mitglieder lasen Aufsätze über die Schriften Yehoashs vor, über den Dichter Yehoash, über Schönheit, über Klang und Farbe.

Die Stimmung der Feier war überschwänglich. Es war wirklich ein Feiertag, eine Demonstration zu Ehren der jiddischen Literatur und Kultur.

Dienstag, 16. März [1943]

Heute wurden Neuigkeiten aus der Stadt mitgebracht. Der Herausgeber der polnischen Zeitung *Goniec*,[159] der Rohling, wurde in der Kirche erschossen. Die Tat der Wilnaer Polen gefiel mir sehr. In ganz Litauen wurden in den höheren Kreisen Massenverhaftungen vorgenommen. Es wird gesagt, dass die Litauer einen Aufruf veröffentlicht haben, nicht zur Mobilisierung zu erscheinen, bis die Deutschen Litauens Unabhängigkeit unterschrieben haben.[160]

Donnerstag, 18. März [1943]

Ich habe stundenlang viel zu tun. Es ist so schwierig, etwas in der Schule und im Klub zustande zu bringen und gleichzeitig mit Kochen und Saubermachen beschäftigt zu sein. Als Erstes kommen auf uns Referate in Geografie zu. In der Schule behandeln wir jetzt das Thema Wilna. Ich bereite ein Referat über „jüdische Druckereien in Wilna" vor. Für mehrere Monate gibt es nun am Abend kein Licht. An den Abenden liegen wir im Arbeitsraum, im Leseraum herum. Ich denke oft, dies ist wohl das Ghetto, doch ich habe ein so reiches Leben intellektueller Arbeit: Ich lerne, ich lese, ich besuche Arbeitskreise des Klubs. Die Zeit verstreicht so schnell, und es gibt so viel Arbeit zu tun, so viele Vorträge, gesellschaftliche Zusammenkünfte. Ich vergesse oft, dass ich im Ghetto bin.

Freitag, 19. März [1943]

Ich hatte ein P.treffen. Es gibt keine guten Neuigkeiten für uns hier. Der G. V.[161] hat eine Versammlung einberufen, auf der er erklärte, dass die Ghettojugend nicht im wahren nationalen Geist erzogen werde. Die

159 Der *Goniec Codzienny* (Täglicher Bote) erschien in Wilna unter der deutschen Besatzung in polnischer Sprache. Sie verbreitete bösartige Propaganda gegen die Juden. Der Herausgeber Czesław Ancerewicz wurde von einem geheimen Militärgericht der polnischen Heimatarmee im Bezirk Wilna zum Tode verurteilt und exekutiert.

160 Die deutschen Besatzer versuchten, die litauische Gegnerschaft zur UdSSR auszunutzen. Sie forderten die Litauer auf, sich Armee-Einheiten im Rahmen der Wehrmacht anzuschließen, die sie an die Ostfront schicken wollten. Die Litauer verlangten im Gegenzug, dass Deutschland einen unabhängigen litauischen Staat proklamieren solle. Als dies zurückgewiesen wurde, zerstörten Litauer Rekrutierungsbüros.

161 Ghetto-Vorsteher.

Z.[162] haben ihn überredet, das zu sagen. Es verletzt, daran zu denken, wie solche vulgären Kreaturen über unsere Erziehung reden. Bisher war die innere Front im Ghetto vereint. Nun gibt es die Gefahr einer Spaltung. Der Schlag kann uns vonseiten unserer eigenen Brüder treffen. Es gibt die Gefahr, dass die linkische Pranke eines Polizisten unseren Fortschritt zermalmt. Aber wir werden überleben, gestärkt durch unsere Konspiration.

Samstag, 20. März [1943]

Wir haben drei Tage Ferien bekommen. Das hat mit Purim zu tun. Die drei Tage waren für mich sicherlich nützlich. Ich ging an meinen Papierstapel heran. Draußen ist Frühling. Ich sitze im Hof der Rudnitski 6. Die Sonne scheint, wärmt und schmeichelt. Eine Frühlingsbrise ist in der Luft. Der Himmel ist blau. Der Frühling ist in der Luft. Der Frühling bricht durch die grauen Mauern, kommt ins Ghetto und trägt auf seinen liebkosenden Strahlen in der blauen Luft die Botschaft, dass es irgendwo schon grünt, irgendwo blühen Weiden, irgendwo zwitschern schon Vögel. Und ich schwelge in der Frühlingsbrise, fange die Frühlingsstrahlen ein, und mein Herz ist voll seltsamer Sehnsucht …

Sonntag, 21. März [1943]

Es gab eine Zusammenkunft, die dem Jahrestag der Pariser K.[163] gewidmet war. Ein Genosse hielt einen Vortrag: „Die Pariser Kommunarden – das bleibende Beispiel für das kämpfende Proletariat“. Gegen Abend gab es ein Fest zu Purim im Klub. Wir waren in der Stimmung für Purim, also soll es Purim sein. Wir gaben den Ton an. Wir sangen Lieder, führten ein „Purim-Stück“ auf; „Leo (der Manager), unser Vater mit den 12 Abteilungen“ im Klub.[164] Genosse Shmerke[165] sang mit uns. Pilnik

162 Zionisten.

163 Pariser Kommune, der im Frühjahr 1871 während des deutsch-französischen Krieges gebildete revolutionäre Pariser Stadtrat.

164 Satirische Bemerkung über den Vorsitzenden des Jugendklubs Leo Bernshteyn.

165 Shmerke Katsherginski (Kaczerginski) (1908–1954), ein revolutionärer Dichter und Mitglied der Gruppe „Junges Wilna“. Er gehörte zu den aktiven Mitgliedern des Jugendklubs und schrieb dessen „Jugendhymne“. Er gehörte der Vereinigten

war beschwipst und sang mit. Wir lachten uns schlapp und gingen schlafen. Wir warten auf das richtige Purim. Nächstes Jahr werden wir Hitlertaschn[166] essen.

Donnerstag, 25. März [1943]

Von der deutschen Führung wurde ein Befehl gegeben, 5 kleine Ghettos in der Provinz Wilna zu liquidieren. Die Juden werden nach Wilna gebracht und ins Ghetto Kowno. Seit heute kommen Juden von den benachbarten Shtetln an. Es ist regnerisch und grau draußen. Traurig fahren die Bauernkarren in das Ghetto wie Zigeuner-Planwagen. Auf den Karren Juden mit Kindern und all ihrer Habe. Die neu eingetroffenen Juden müssen mit Unterkünften versorgt werden. Die Schule an der Shavler 1 ist vorsorglich für die neu ankommenden Juden geleert worden. Die Schule an der Shavler 1 zog in das Gebäude unserer Schule um. Sie unterrichten in zwei Schichten. Heute gingen wir abends zum Unterricht. Irgendwie haben unsere Studien keine Form mehr. Wir sind alle niedergeschlagen. Wir sind in schlechter Stimmung.

Sonntag, 28. [März] [1943]

Die Stimmung im Ghetto ist sehr gedrückt. Dass so viele Juden an einem Ort zusammengepfercht werden, ist ein Signal für etwas. Nahrungsmittel durch das Ghettotor zu bringen ist sehr schwierig geworden. Etliche Menschen sind schon im Lukishki inhaftiert. Die Leute laufen grau und besorgt herum. Gefahr hängt in der Luft. Nein! Dieses Mal werden wir uns nicht wie Hunde zur Schlachtbank bringen lassen. Darüber haben wir kürzlich auch bei unserer [Versammlung] geredet, und wir sind jeden Augenblick vorbereitet. Wir müssen an uns arbeiten, dieser Gedanke stärkt unsere Nerven, gibt uns Mut und Durchhaltekraft.

Partisanen-Organisation an und ging 1943 kurz vor der Liquidierung des Ghettos in die Wälder. Bald nach dem Krieg veröffentlichte er Bücher über das Ghetto Wilna und den Partisanenkampf. Er wanderte aus und ließ sich schließlich in Argentinien nieder, wo er 1954 bei einem Flugzeugabsturz ums Leben kam.

166 Zu Purim wird traditionell ein auf Jiddisch als Homentashn bezeichnetes Gebäck gegessen, benannt nach dem persischen Minister Haman, der die Juden vernichten wollte.

Sonntag, 4. [April] [1943]

Doch die Genossen ergeben sich nicht der schlechten Stimmung. Jeden Sonntag haben wir irgendeine Unterhaltung im Klub. Heute hatten wir einen interessanten Quiz-Abend. Wir hatten Spaß und sangen, wie wir jungen Leute es immer gemacht haben.

Montag, 5. [April] [1943]

Sonntag um drei Uhr wurden die Straßen des Ghettos abgeriegelt. Eine Gruppe von 300 Juden aus Sol und Smorgon[167] sind mit einem großen Transport von Juden vom Lande, die am Bahnhof ankamen, nach Kowno abgefahren. Da ich am Tor stand, sah ich, wie sie ihre Sachen packten. Fröhlich und in guter Laune stiegen sie in den Zug. Heute hat uns die schreckliche Nachricht erreicht. 85 Eisenbahnwaggons mit Juden, etwa 5000 Menschen, wurden nicht, wie versprochen, nach Kowno gebracht, sondern mit dem Zug nach Ponar transportiert, wo sie erschossen wurden. 5000 neue blutige Opfer. Das Ghetto ist tief erschüttert, wie vom Donner gerührt. Die Schlachthausatmosphäre hat die Leute erfasst. Es hat wieder begonnen. Wieder zeigen sich die Krallen des Sperbers. Die Leute sitzen da, wie in einer Kiste eingesperrt. Auf der anderen Seite lauert der Feind, der bereit ist, uns auf raffinierte Weise nach Plan zu vernichten, wie die heutige Schlächterei bewiesen hat. Das Ghetto ist deprimiert und traurig. Wir sind ungeschützt und dem Tod ausgeliefert. Wieder schwebt über den Ghettogassen Wilnas der Albtraum von Ponar. Es ist schrecklich … schrecklich. Die Menschen laufen herum wie Gespenster. Sie ringen die Hände. Gegen Abend eine eilige Zusammenkunft. Die Geschehnisse sind bestätigt worden. Wir können uns auf niemanden stützen. Die Gefahr ist sehr groß. Wir glauben an unsere Stärke. Wir sind jeden Augenblick bereit.

Dienstag, 6. [April] [1943]

Die Situation ist bedrückend, Wir kennen jetzt alle entsetzlichen Einzelheiten. Statt nach Kowno wurden 5000 Juden nach Ponar gebracht, wo sie erschossen wurden. Wie wilde Tiere vor dem Sterben begannen die

167 Sol (Soly) und Smorgon (Smarhon): Städte in Weißrussland, ca. 74 bzw. 90 km südöstlich von Wilna.

Menschen in tödlicher Verzweiflung die Eisenbahnwaggons aufzubrechen, sie zerbrachen die kleinen Fenster, die mit starkem Draht verstärkt waren. Hunderte wurden erschossen, als sie wegrannten. Die Eisenbahnstrecke ist weithin von Leichen bedeckt. Wir lernten heute nicht in der Schule. Die Kinder rannten aus ihren Wohnungen weg, wo der Aufenthalt wegen der Stimmung, wegen der Frauen schrecklich ist. Auch die Lehrer sind mutlos. So sitzen wir im Kreis. Wir richten unsern Geist wieder auf. Wir singen ein Lied. Am Abend ging ich hinaus auf die Straße. Es ist 5 Uhr am Nachmittag. Das Ghetto sieht schrecklich aus: Schwere bleierne Wolken hängen über dem Ghetto und senken sich darauf herab. Eine Dunkelheit wie vor einem Sturm. Unsere Stimmung ist wie der Himmel schwer verhangen. Die Leute sind draußen in den Gassen.

25 Polizisten wurden beauftragt, die Toten aus den Gruben zu sammeln.[168] Viele, die Ponar entkommen sind. Hier geht ein Jude. Hinter ihm ein ganze Schar von Leuten. Er ist blass mit wilden Augen. Sein Pelzmantel ist völlig mit Kalk bedeckt. Hier werden drei von Bauern gebrachte Kinder vorbeigeführt. Verwundete Menschen werden gebracht. Es wird immer dunkler. Plötzlich ein Donnerschlag, ein Blitz, und es beginnt zu regnen. Die ruhelosen, traurigen Leute werden aus den wenigen Gassen gepeitscht. Der Regen schlägt wütend zu, als wolle er alles aus der Welt spülen …

Am Abend bin ich im Klub. Es ist dunkel. Das Licht wird erst um 9 Uhr angemacht. Leute sitzen im Dunkeln. Genossen singen ein Lied. Wir empfinden Druck und Angst. Die Situation ist immer noch sehr angespannt. Wir sind auf der Hut. Dieser Gedanke erleichtert die schweren Stunden.

Mittwoch[, 7. April] [1943]

Unsere Stimmung ist ein bisschen besser. Man kann im Klub ein glückliches Lied hören. Wir sind jedoch auf alles vorbereitet, denn der Montag hat bewiesen, dass wir auf nichts vertrauen und nichts glauben dürfen. Uns kann das Schlimmste geschehen.

168 Gemeint sind die Juden, die erschossen worden waren, als sie bei der Ankunft in Ponar zu fliehen versuchten. Grigorij Schur schreibt (Die Juden von Wilna. Die Aufzeichnungen des Grigorij Schur, S. 145), dass die 25 jüdischen Polizisten nach Ponar gebracht wurden. „Dort mussten sie die toten Juden zusammentragen und begraben, die im Wald verstreut lagen, da wo die Kugeln ihrer Verfolger sie getroffen hatten."

Anhang

Lehrer Gershteyn ist verstorben[1]

Mein Lehrer Gershteyn ist verstorben. Wir werden ihn nie wieder sehen. Als ich von diesem großen Unglück erfuhr, hat mich das sehr aufgewühlt, und ich fühlte im tiefsten Herzen, wie wertvoll mein Lehrer Gershteyn für uns war, wie groß unser Verlust ist. Mein Lehrer Gershteyn hat immer einen starken Eindruck auf mich gemacht. Immer empfand ich Respekt und Liebe für diesen Mann. Ich konnte mir unsere Schule, unser zweites Heim und unsere zweite Erzieherin, nie ohne meinen Lehrer Gershteyn vorstellen. Mein Lehrer Gershteyn war der gute Geist der Schule. Ich pflegte anzunehmen, dass die Gestalt meines Lehrers Gershteyn so, wie sie war, mit der Schule gewachsen ist. Was gab er für ein schönes Bild ab, wenn er die Treppe hinaufschritt: Frische, Jugendlichkeit, Willensstärke strahlten von seinem schönen Haupt aus. Mit seinem Stock und Radiergummis in der einen Hand, mit seiner Mappe unter dem andern Arm geht er die Treppe hinauf. Ich kann ihn wirklich vor mir sehen.

Wenn ich ihn traf, bereitete es mir so viel Vergnügen, mit heller, starker Stimme: „Guten Morgen!“ zu sagen. Wunderbar voll tönend kam seine Antwort: „Dir einen guten Morgen!“ Und er ging mit großen Schritten aufrecht und gutaussehend weiter, Wertschätzung und Zuneigung weckend. Ich mochte an Gershteyn seine Liebe zu seinem Volk, zum jiddischen Wort. Ich sah in seinem unbeugsamen Blick seine Bereitschaft, sich für all das, was ihm lieb und teuer war, aufzuopfern. Ich schätzte meinen Lehrer Gershteyn, weil er Nationalbewusstsein und kühnen Stolz repräsentierte. Manchmal brachte mein Lehrer Gershteyn selbst scharfen Protest, ein entschiedenes, eigensinniges „Nein!“ zum Ausdruck. Sein ganzes Gebaren drückte aber auch so viel Güte und Liebe aus. Am

1 Yitskhok Rudashevski hat diesen Text zunächst als Aufsatz verfasst und dann bei einer Gedenkfeier für Gershteyn vorgetragen (siehe seine Einträge vom 26. und 27. Oktober 1942). Der Text wurde zusammen mit dem Tagebuch aufgefunden.

Morgen strömen die Kinder in die Schule. Mein Lehrer Gershteyn geht durch die Halle. Ein Bild eines jüdischen Autors ist nicht so gerade aufgehängt, wie es sein sollte. Er bleibt stehen und rückt es zurecht, als ob er sich daran freue, als ob er es streichele. Aus seinen Augen strahlt so viel Güte, Zuneigung und Freundschaft. Genauso strahlten seine Augen, wenn er die Klasse betrat. Mit seiner reinen Löwenstimme [rief er]: „Euch einen herzlichen guten Morgen, Kinder! Wir haben neue Ware! (*Grüne Bäumchen*, *Kinderfreund*) Gebt mir eure Münze!“ Und er pflegte den großen Leinensack hervorzuholen, Geld einzunehmen und Zeitschriften auszuteilen. Gershteyn lehrte uns singen. In der Klasse zog während Gershteyns Stunden ein neuer Geist ein. Die Stunde war erhebend, [sie erzeugte] einen tiefen Stolz auf das jiddische Wort, den jiddischen Klang. „Ich sah jiddische Worte …“[2] Wir waren daran gewöhnt, in einer Schulstunde zu sitzen und zu hören, wie Gershteyns Löwenstimme durch den Schulkorridor dröhnte. Das war für uns natürlich und kostbar. Unser Schulchor unter Gershteyn verschaffte uns Freude, Vergnügen und Unterhaltung; wir waren stolz auf ihn. Mein Lehrer Gershteyn war für mich immer besonders gut aussehend und feierlich. Alles, was da war, ist vergangen. Der Tag ist vergangen und die Nacht ist angebrochen. … Das Ghetto ist für meinen Lehrer Gershteyn hart und grausam. Geschwächt überquerte er langsam die gewundenen dunklen Ghettogassen. …

Im Ghetto habe ich meinen Lehrer Gershteyn oft getroffen und mit ihm gesprochen. Am Tag von Lehrer Khayimsons Beerdigung transportierten einige von uns Klassenkameraden Gershteyns Sachen zu einer neuen Wohnung. „Weißt du“, sagte er zu mir, „Lehrer Khayimson ist gestorben.“ Seine Augenbrauen überwölbten scharf seine tiefliegenden Augen. Sein Gesicht war gelb … Es schien mir damals, dass in ihm die ganze Bitterkeit und der ganze Zorn der Ghettogassen verkörpert waren. Auch mein Lehrer Gershteyn ist gefallen. … Inmitten des Lebens, das grau und traurig ist, erscheint er gutaussehend und frisch. Für immer wird Gershteyn unter […] leben, immer wird Gershteyns Name blühen und uns an das erinnern, was am kostbarsten und teuersten ist.

2 Aus einem Gedicht von Moyshe Kulbak.

Der Bericht von Sore Voloshin

13. 7. 1944

Am Abend. Ich schlüpfe in der Vivulski Straße, wo unsere Einheit sich einquartiert hat, nach draußen. Nach einer langen Zeit befinde ich mich wieder auf den Straßen der Stadt. Ich sehe mich um. Alles ist vertraut, ich bin hier früher oft gewesen. Ich gehe weiter, und mein Herz klopft: Ich komme dem Ghetto näher. Ich erreiche die Strashun Straße. Eine seltsame Empfindung ergreift mich. Jedes Gebäude, jedes Trümmerteil erinnert mich an so vieles. Massen von Leuten pflegten täglich durch diese Straßen zu strömen, hier herrschten immer Lärm und Tumult und jetzt ... jetzt nichts als Stille. Keine Seele weit und breit. Gelegentlich kommt eine nicht-jüdische Frau vorbei, und die zerbrochenen Glasscherben zersplittern unter ihrem Schritt. Ich gehe von einer Gasse in die andere und atme schwer.

Hier ist unser Hof. Ich zögere einen Moment, dann spähe ich in das beschädigte und wacklige Gebäude. Ich betrete den Hof. Mir scheint, dass unsere Wohnung intakt geblieben ist. Mit zögernden Schritten gehe ich die Treppe hinauf und erreiche unser Zimmer. Ich schaue auf vier leere Wände und begebe mich sofort hinauf auf den Dachboden. Ohne Leiter stemme ich mich mit großer Mühe hoch. Ich erreiche unsere „Maline“ (unser Versteck). Ein Schauer überläuft mich. Denn hier lebte meine ganze Familie während der Auflösung des Ghettos, und von hier aus gingen sie alle nach Ponar.

Ich fange an, im Sand herumzuwühlen. Vielleicht kommt etwas zum Vorschein – und tatsächlich finde ich verstaubte Fotos, Fotos von uns. Ich suche weiter. In einer Ecke, von Staub bedeckt, liegt ein Notizbuch. Meine Trauer bringt mich aus der Fassung, und meine Augen füllen sich mit Tränen. Dies sind Notizen meines Freundes – sein Tagebuch aus dem Ghetto. Ich hebe es auf. Es ist bedeckt von Staub, von Schmutz. Welche Mühe sich der Junge damit gegeben hat! Er nahm es überall mit hin, verbarg es immer. Er zeigte es niemandem. So wichtig, so lieb war es ihm. Für einen Augenblick stehe ich tief in Gedanken versunken da. Aber dann springe ich sofort auf und beginne hinabzusteigen. Auch ich bin über und über schmutzig. Mit dem Notizbuch und den Fotos in der Hand kehre ich auf direktem Weg zur Einheit zurück, ohne nach rechts und links zu schauen. Ich bin schweißbedeckt und sehr aufgeregt.

Zuallererst nahm ich einen feuchten Lappen und begann, den Staub und Sand von jeder Seite wegzuwischen. Nachdem ich sie gesäubert hatte, begann ich mit angehaltenem Atem zu lesen. Auf jeder Seite sah ich vor mir, was uns geschehen war, alles, was passiert war und das große Leiden. Ich lese weiter, und er steht vor mir. Hier putzt er die Wohnung (während die Eltern zur Arbeit gingen, machte er alle Haushaltsarbeiten – das Kochen, Waschen usw.); und hier ist er – während der Schulstunden, draußen auf der Straße mit seinen Kameraden; seine interessanten und erfolgreichen Aufsätze, die er im Ghetto schrieb, liegen vor mir: auf die Feiern zu Ehren der Roten Armee, auf den 1. Mai; seine großartige Aktivität als „Pionier", in der Schule und im Klub … und ich kann nicht mehr denken. Nun sehe ich nur noch unsere „Maline", eine Ecke auf dem Dachboden, wo er saß und ein Buch las, ruhig und still, nur selten sprechend. Von dort wurde er nach Ponar getrieben. Nun bleibt nur sein Tagebuch übrig, das uns so viel über seine Eindrücke mitteilt, über das, was ihm geschah, und all seine Erfahrungen.

Seine Freundin Sore Voloshin

Junge Frauen beim Sportplatz in der Strashun-Straße 6 am 10. Juli 1945.
Die zweite von links ist Yitskhoks Cousine Sore Voloshin.
An der Wand steht in jiddischer Sprache:
„Ein gesunder Körper, ein gesunder Geist“ und „Sei munter und stark“.

Ghetto Fighters' House Museum, Israel
Photo Archive, Katalognummer 6005

„Hier lernte Yitskhok Rudashevski
geb. 1927
Eingesperrt im Ghetto Wilna 1941
Getötet im Oktober 1943 in Ponar"

„Stolperstein" für Yitskhok Rudashevski
vor dem Gebäude des ehemaligen Jüdischen Realgymnasiums in Vilnius,
verlegt im August 2016[1]

Fotograf: Christian Michelides, Aufnahme 3. August 2018

1 Mindaugas Kvietkauskas, A challenge to collective memory. Yitskhok Rudashevski's *Diary of the Vilna Ghetto*, in: Acta Baltico-Slavica 42 (Warschau 2018), S. 99–123, hier S. 99.

Studien und Dokumente zur Holocaust- und Lagerliteratur

Herausgegeben von der Arbeitsstelle Holocaustliteratur und der Ernst-Ludwig Chambré-Stiftung zu Lich

Band 1
Michael Kraus
Tagebuch 1942–1945
Aufzeichnungen eines Fünfzehnjährigen aus dem Holocaust
Aus dem Tschechischen von Kristina Kallert
2015 | ISBN: 978-3-86331-236-7 | 143 Seiten | 19,– €

Band 2
Mendel Szajnfeld
Erzähl, was mit uns geschehen ist!
Erinnerungen an den Holocaust
Bearbeitet von Simon Szajnfeld
2016 | ISBN: 978-3-86331-275-6 | 304 Seiten | 22,– Euro

Band 3
Ruth Barnett
Nationalität: Staatenlos
Die Geschichte der Selbstfindung eines Kindertransportkindes
2016 | ISBN: 978-3-86331-309-8 | 276 Seiten | 19,– €

Band 4
Jerzy Jurandot
Die Liebe sucht eine Wohnung
Eine Komödie aus dem Warschauer Getto
Aus dem Polnischen von Danuta Strobel
unter Mitarbeit von Markus Roth
Herausgegeben von Markus Roth und David Safier
2017 | ISBN: 978-3-86331-333-3 | 159 Seiten | 16,– €

Studien und Dokumente zur Holocaust- und Lagerliteratur

Herausgegeben von der Arbeitsstelle Holocaustliteratur und der Ernst-Ludwig Chambré-Stiftung zu Lich

Band 5
Maria Gabrielsen mit Oddvar Schjølberg
Angezeigt von Mama
Die Geschichte einer Denunziation
Aus dem Norwegischen von Elisabeth Turvold
Herausgegeben von Markus Roth und Elisabeth Turvold
2018 | ISBN: 978-3-86331-413-2 | 136 Seiten | 16,– €

Band 6
Francesco Fausto Nitti
Pferde: 8 – Personen: 70
Von Südfrankreich nach Dachau
Ein zeitgenössischer Bericht über den „Geisterzug" 1944
Aus dem Französischen von Günter Leitzgen
Herausgegeben von Charlotte Kitzinger und Markus Roth
2018 | ISBN: 978-3-86331-418-7 | 120 Seiten | 16,– €

Band 7
Janina Hescheles
Mit den Augen eines zwölfjährigen Mädchens
Ghetto – Lager – Versteck
Aus dem Poln. von Christina-Marie Hauptmeier | Hrsg. von Markus Roth
2019 | ISBN: 978-3-86331-456-9 | 144 Seiten | 16,– €

Band 8
Zvi Cohen mit Jörg Huber und Elisa Makowski
Der Junge mit der Mundharmonika
Aus dem Ghetto Theresienstadt mit dem Zug in die Freiheit
Aus dem Hebräischen von Rachel Grünberger-Elbaz
2019 | ISBN: 978-3-86331-485-9 | 156 Seiten | 16,–€

Studien und Dokumente zur Holocaust- und Lagerliteratur

Herausgegeben von der Arbeitsstelle Holocaustliteratur und der Ernst-Ludwig Chambré-Stiftung zu Lich

Band 9
Yitskhok Rudashevski
Tagebuch aus dem Ghetto von Wilna
Juni 1941 – April 1943
Herausgegeben und aus dem Englischen von Wolf Kaiser
2020 | ISBN: 978-3-86331-534-4 | 150 Seiten | 16,– €

Band 10
Christoph Schneider (Hrsg.)
Hadamar von innen
Überlebendenzeugnisse und Angehörigenberichte
2. Auflage 2025
2020 | ISBN: 978-3-86331-552-8 | 257 Seiten | 19,– €

Band 11
Robert Savosnick
Ich wollte nicht sterben
Als Norweger in Auschwitz
Aufgezeichnet von Hans Melien
Aus dem Norwegischen von Elisabeth Turvold
Herausgegeben von Markus Roth und Elisabeth Turvold
2021 | ISBN: 978-3-86331-574-0 | 224 Seiten | 19,– €

Band 12
Wolf Kaiser (Hrsg.)
Der papierene Freund
Holocaust-Tagebücher jüdischer Kinder und Jugendlicher
2022 | ISBN: 978-3-86331-640-2 | 607 Seiten | 39,– €

Studien und Dokumente zur Holocaust- und Lagerliteratur

Herausgegeben von der Arbeitsstelle Holocaustliteratur und der Ernst-Ludwig Chambré-Stiftung zu Lich

Band 13
Jacob Pat
Henech
Ein jüdisches Kind, das dem Ghetto entkam
Aus dem Jiddischen von Anat Rimer
Herausgegeben von Frank Beer
2024 | ISBN: 978-3-86331-709-6 | 147 Seiten | 16,– €

Band 14
Gerda Weissmann Klein
Nichts als das nackte Leben
2023 | ISBN: 978-3-86331-718-8 | 320 Seiten | 24,– €

Band 15
Sascha Feuchert · Torsten Mergen · Christian Plien (Hrsg.)
Der Deutschunterricht als Gedächtnisagentur
Didaktische Annäherungen an eine spezifische schulische Erinnerungskultur
2024 | ISBN: 978-3-86331-747-8 | 424 Seiten | 28,– €

Band 16
„Es wird nicht eher hell, bis es ganz dunkel gewesen ist“
Das Lagertagebuch des Isy Aronowitz, 13. Dezember 1940 – 26. August 1943
Herausgegeben von Christoph Heyl
Mit einem Vorwort von Richard Aronowitz-Mercer
2025 | ISBN: 978-3-86331-793-5 | LXXVIII + 312 Seiten | 26,– €